PSYCHOLOGIA POZYTYWNA

Kompletny przewodnik, jak wydostać się z klatki
nadmiernego myślenia. Nowe techniki i praktyczne
wskazówki dotyczące samodoskonalenia, uwolnienia
umysłu i spokojnego życia.

Amos Lloyd

Spis treści

Wprowadzenie

W dzisiejszych czasach wszyscy zbyt głęboko pogrążamy się w myślach o różnych rzeczach i z pewnością wielu z nas utknęło w niekończącej się spirali "co by było gdyby", która z czasem przychodzi i odchodzi.

Co jeśli naprawdę mnie na to nie stać? Co jeśli on mnie nie lubi? Co jeśli ta zmiana pogorszy sytuację?

Zasadniczo "nadmierne myślenie" odnosi się do powtarzalnego i nieproduktywnego procesu myślowego. Ponieważ myśli mogą koncentrować się na wielu różnych rzeczach, w badaniach rozróżnia się "ruminacje" na temat przeszłości i teraźniejszości oraz " martwienie się " o przyszłość.

Istnieje kilka czynników, które mogą przyczynić się do tego problemu, a zrozumienie ich może pomóc w podjęciu kroków w celu ich przezwyciężenia.

Jedną z głównych przyczyn nadmiernego myślenia jest strach. Strach przed nieznanym, porażką, odrzuceniem i rozczarowaniem.

Nasze mózgi to niezwykłe procesory, które podejmują świadome i nieświadome decyzje do 35 000 razy dziennie. Uważna analiza i kontrola mogą poprawić niektóre wybory, ale jeśli damy się wciągnąć w analizowanie każdego potencjalnego wyniku, może skutkować to nadmiernym myśleniem i paraliżem decyzyjnym

Pierwszą rzeczą, którą należy zrozumieć na temat nadmiernego myślenia jest to, że może ono przypominać rozwiązywanie problemów. Są to jednak dwie zupełnie różne rzeczy.

Rozwiązywanie problemów ma miejsce wtedy, gdy zadajesz pytania z zamiarem znalezienia odpowiedzi i/lub wdrożenia rozwiązania, podczas gdy nadmierne myślenie ma miejsce wtedy, gdy rozwodzisz się nad możliwościami i pułapkami bez rzeczywistego zamiaru rozwiązania problemu. W rzeczywistości problem lub potencjalny problem może nawet nie istnieć.

Zdolność myślenia jest jednym z największych darów człowieka. Nasze mózgi ewoluowały, by tworzyć złożone myśli, które umożliwiają nam rozumienie informacji, rozwiązywanie problemów, planowanie i wyciąganie wniosków z przeszłości. Myślenie pozwoliło nam stworzyć złożone społeczeństwa i rozwijać się jako gatunek.

Jeśli zauważysz, że utknąłeś myśląc w kółko o tym samym problemie, ale nie dochodzisz do żadnego "rozwiązania", być może myślisz za dużo. Weźmy konkretny przykład osoby, która myśli za dużo i zniekształca rzeczywistość;

Para rodziców ma syna, który jest bardzo dobry w szkole, grzeczny, wysportowany i posłuszny.

Matka, która niedawno zmieniła pracę, ma znacznie więcej czasu na pozostanie w domu i opiekę nad synem, a co za tym idzie, także na myślenie.

W efekcie zaczęła rozmyślać nad przeszłością i martwić się o przyszłość, co spowodowało, że w jej umyśle narastały dziwne obawy dotyczące zachowania jej syna.

Od tego momentu matka zaczyna wyobrażać sobie, że jej syn coś przed nią ukrywa i dlatego śledzi go po szkole, nie zauważając tego.

Każdego dnia ta sama rutyna powtarza się przez jakiś czas: matka wyobraża sobie katastroficzne scenariusze, w których jej syn robi coś nieodpowiedzialnego z przyjaciółmi po szkole. Pewnego dnia, po zakończeniu lekcji, syn nie wraca od razu do domu, ale udaje się z kolegą do innej dzielnicy.

Matka próbuje ich dogonić, ale potem ich gubi i postanawia wrócić do domu, aby poczekać na niego i zrobić mu przesłuchanie.

Chłopiec wraca i idzie prosto do swojego pokoju, po tym jak oznajmił matce, że był na małym placu uczyć się ze swoim przyjacielem.

Następnego dnia sytuacja się powtórzyła, a zmęczona matka przyznała, że mu nie ufa i nie wierzy w to, co mówi.

Trzeciego dnia, zirytowana negatywnymi myślami, postanowiła podążać za nim do końca i wysiąść z samochodu, aby go dogonić.

W tym momencie syn i jego przyjaciel wyjmują książki z plecaków i siadają na placu, aby się uczyć. Jej syn nie kłamał, ale obawy zniekształciły jej poczucie rzeczywistości.

Lęk to potężna emocja, która może spustoszyć nasze umysły i ciała; jest to uczucie dyskomfortu, niepokoju lub obawy przed czymś, czego nie możemy kontrolować i czego wyniku nie możemy przewidzieć. Niepewność co do przyszłości, nawet prostego wyniku, napędza niepokój i stres.

Kiedy doświadczamy niepokoju, nasze myśli koncentrują się na najgorszych scenariuszach, powodując nadmierne myślenie.

Jeśli przeanalizujemy historię matki i jej syna, zdamy sobie sprawę, że ogarnięta niepokojem zaczęła tworzyć w swoim umyśle negatywne scenariusze, w których jej syn narażał się na niebezpieczeństwo i okłamywał ją.

Oczywiście, w umyśle matki pogrążonej w lęku, zachowanie jej syna dawało odpowiedzi na jej obawy i katastroficzne wyobrażenia.

Ta nadmierna czujność może prowadzić do nadmiernego myślenia, ponieważ nasze umysły stają się zafiksowane na najgorszych scenariuszach.

Nadmierne myślenie może wpływać na sposób, w jaki żyjesz i wchodzisz w interakcje z otaczającym cię światem, uniemożliwiając podejmowanie ważnych decyzji, nie pozwalając cieszyć się chwilą obecną i pozbawiają cię energii potrzebnej do radzenia sobie z codziennym stresem.

Co więcej, niezależnie od tego, czy wpatrujesz się w przeszłość, czy katastrofizujesz przyszłość, wzorce myślowe, które są bardziej destrukcyjne niż konstruktywne, mogą obciążać zarówno zdrowie psychiczne, jak i fizyczne. Z perspektywy zdrowia psychicznego, lęk może wpływać na zdolność radzenia sobie z codziennymi trunościami, a depresja powoduje smutek, samotność i poczucie pustki.

Nie zawsze możliwe jest samodzielne poradzenie sobie z tą sytuacją, dlatego należy zwrócić się do specjalistów. Należy pamiętać, że uogólnione zaburzenia lękowe mogą powodować wysokie ciśnienie krwi i słabe zdrowie układu sercowo-naczyniowego, podczas gdy depresja może zwiększać ryzyko zawału serca i samobójstwa.

Chociaż zjawisko to występowało również w przeszłości, nowoczesność rozwinęła zdolność umysłu do radzenia sobie z różnymi sytuacjami. Odkrywając swoje możliwości, ludzie zaczęli zastanawiać się nad procesami wykorzystywanymi do rozwiązywania problemów i podejmowania decyzji. We współczesnym świecie, w którym żyjemy, nieustannie bombardowani przez media społecznościowe, telefony i narzędzia informatyczne, otrzymywane przez nas informacje skłaniają nas do coraz intensywniejszego myślenia. Jesteśmy zalewani informacjami i bodźcami z naszych telefonów i komputerów, co może przytłoczyć nasze umysły.

Zrozumienie przyczyn nadmiernego myślenia jest pierwszym krokiem do jego przezwyciężenia. Identyfikując wyzwalacze, które prowadzą do nadmiernego myślenia, można podjąć działania w celu zmniejszenia stresu, radzenia sobie z lękami i zmiany wzorców myślowych.

Dzięki praktyce i cierpliwości możesz nauczyć się uspokajać swój umysł i prowadzić spokojne i satysfakcjonujące życie.

Dowiedzmy się teraz, jak powstają nadmierne myśli.

Rozdział 1
Myśli: czym są i jak powstają w naszych umysłach

1.1 Czym jest myśl?

Myślenie jest aktywnością, która wyraża się poprzez konstruowanie archetypów, pojęć, świadomości, fantazji, snów, ocen i opinii; krótko mówiąc, każdego możliwego projektu, który tworzy świat.

Istnieją różne definicje myśli, ale możemy je po prostu zdefiniować jako działanie wykonywane przez umysł, świadome lub nieświadome, które przejawia się w tworzeniu pewnych "danych wejściowych", takich jak krytyka, cele, osądy i wyobrażenia; innymi słowy, wszystko, co tworzy umysł, jest uważane za myśl, niezależnie od tego, czy jest to logiczne, kreatywne, abstrakcyjne czy racjonalne. Myśl pośredniczy między aktywnością wewnętrzną a bodźcami zewnętrznymi.

W języku potocznym słowo "myśleć" obejmuje kilka różnych czynności psychologicznych. Czasami jest synonimem "tendencji do wierzenia", zwłaszcza przy niepełnej pewności ("Myślę, że będzie padać, ale nie jestem pewien"). Innym razem oznacza stopień uwagi ("zrobiłem to bez zastanowienia") lub to, co jest w świadomości, zwłaszcza jeśli odnosi się do czegoś poza bezpośrednim otoczeniem ("to sprawiło, że pomyślałem o mojej babci"). Psychologowie skupili się na myśleniu jako wysiłku intelektualnym mającym na celu znalezienie odpowiedzi na pytanie lub rozwiązanie praktycznego problemu.

Psychologia procesów umysłowych zajmuje się czynnościami podobnymi do tych, które zwykle przypisuje się wynalazcy, matematykowi lub szachiście, jednak psychologowie nie oparli się na jednej definicji lub charakterystyce myślenia. Dla niektórych jest to kwestia modyfikacji "struktur poznawczych" (tj. percepcyjnych reprezentacji świata lub jego części), podczas gdy inni uważają to za wewnętrzne zachowanie związane z rozwiązywaniem problemów.

W przeszłości ludzie łączyli myślenie ze świadomymi doświadczeniami. Jednak w miarę jak badacze psychologii rozwijali badania naukowe nad zachowaniem (np. behawioryzm), zdali sobie sprawę z ograniczeń wykorzystania introspekcji jako źródła danych.. Od tego czasu procesy myślowe są traktowane jako zmienne interweniujące lub konstrukty o właściwościach, które należy wywnioskować z relacji między dwoma zestawami obserwowalnych zdarzeń. Zdarzenia te są wejściami (bodźce, obecne i przeszłe) i wyjściami (reakcje, w tym ruchy ciała i mowa). Dla wielu psychologów takie zmienne pośredniczące służą jako pomoc w zrozumieniu niezwykle skomplikowanej sieci powiązań między warunkami bodźca a reakcjami, których analiza w przeciwnym razie byłaby nadmiernie uciążliwa. Inni zajmują się raczej identyfikacją struktur poznawczych (lub mentalnych), które świadomie lub nieświadomie kierują zachowaniem człowieka.

Myślenie oznacza subwokalne łączenie elementów językowych. Wczesne eksperymenty wykazały, że myśleniu często towarzyszy aktywność elektryczna w mięśniach stawów osoby myślącej (np. w gardle). Dzięki późniejszej pracy ze sprzętem elektromiograficznym stało się jasne, że reakcje mięśniowe nie są prawdziwymi nośnikami myśli; po prostu ułatwiają odpowiednie działania w mózgu, gdy zadanie intelektualne jest szczególnie wymagające.

Pamiętajmy, że jakakolwiek decyzja, którą zdecydujemy się podjąć, będzie ukształtowana przez sposób, w jaki postrzegamy rzeczy, naszą wiedzę, naszą zdolność do przyjmowania informacji i nasze doświadczenie, tj. sposób, w jaki myślimy.

1.2 Podstawowe mechanizmy myślenia

Jak czytaliśmy na poprzednich stronach, myślenie jest niezbędnym procesem dla istot ludzkich.

Umożliwia nam rozwiązywanie problemów, uczenie się nowych informacji, rozumienie pojęć i przetwarzanie naszych doświadczeń. Myślenie obejmuje cały proces uczenia się, zapamiętywania i organizacji umysłowej w celu lepszego zrozumienia informacji i ich późniejszego przywołania.

Chociaż istnieją różne rodzaje lub sposoby myślenia, struktura, która je tworzy, opiera się na trzech mocnych podstawach, które wpływają na nasz umysł i są to:

- Definicja

- Reprezentacja

- Proces

Definicja

Za każdym razem, gdy słyszymy słowo, nasz umysł kojarzy to, co usłyszał, z przedmiotem lub obrazem; w skrócie, wszystkie informacje, które zostały zebrane przez nasz umysł.

Weźmy konkretny przykład tego, czym jest definicja: kiedy mówimy o zwierzętach, nasz umysł natychmiast myśli o ogólnej koncepcji (nawet jeśli wszyscy wiemy, że istnieją różne rodzaje zwierząt, słowo zwierzęta obejmuje je wszystkie), więc umysł ma tendencję do odnoszenia tego słowa do raczej uogólnionej koncepcji.

Reprezentacja

Zasadniczo nasze myśli są mapami, które reprezentują i odpowiadają rzeczom, które nasz mózg postrzega za pomocą zmysłów, odczuwa za pomocą emocji lub tworzy jako plan działania. Myśli mogą być chwilowe lub utrwalać się w postaci wspomnień. Pamięć jest również procesem fizycznym, kodowanym przez strukturalne zmiany molekularne w połączeniach neuronalnych. Postrzeganie zmysłowe i jego wspomnienia są fizycznymi reprezentacjami.

Na tym etapie nasz umysł dokonuje dogłębnych skojarzeń, kształtując myśli.

Poprzez reprezentację człowiek był również w stanie ożywić język.

Proces

Jest to rodzaj aktywności poznawczej, która wykorzystuje zdolności umysłowe do wykonywania i rozumienia pewnych funkcji ludzkiego doświadczenia. Operacje te umożliwiają rozwiązywanie problemów, podejmowanie decyzji lub tworzenie i ocenianie nowych pomysłów.

Procesy myślowe mogą również pomóc nam lepiej zrozumieć siebie i to, dlaczego mamy pewne uczucia lub preferencje.

Zdefiniowanie i przećwiczenie korzystania z tych operacji może pomóc ludziom lepiej ze sobą współdziałać i komunikować się, rozumiejąc sytuacje i konstrukcje, w które wszyscy się angażujemy.

1.3 Klasyfikacja myśli

Nasz umysł wytwarza różne rodzaje myśli: niektóre są ważniejsze, inne są mało przydatne, a większość z nich umożliwia nam podejmowanie decyzji w obliczu dużych i małych wyzwań życiowych.

Jednym ze sposobów na uzyskanie lepszej kontroli nad swoimi myślami jest zapoznanie się z nimi i nauka rozróżniania każdej myśli generowanej przez mózg.

W rzeczywistości, choć prawdą jest, że wiele z nich pojawia się w umyśle mimowolnie, uświadomienie ich sobie może pozwolić ci mieć nad nimi lepszą kontrolę.

Myślenie dedukcyjne

Rozumowanie dedukcyjne lub dedukcja polega na analizowaniu poprawnych form argumentacji i wydobywaniu wniosków zawartych w ich przesłankach. Istnieją różne konfiguracje rozumowania dedukcyjnego, które mogą być stosowane do rozwiązywania problemów lub rozumowania. W rozumowaniu warunkowym, rozumujący musi wyciągnąć wniosek oparty na zdaniu warunkowym "jeśli... to". Na przykład, z warunkowej tezy "jeśli dziś jest poniedziałek, to dziś wezmę udział w kursie gotowania" i kategorycznej (deklaratywnej) tezy "dziś jest poniedziałek" można wydedukować wniosek "dziś wezmę udział w kursie gotowania". W rzeczywistości, dwa rodzaje poprawnego wnioskowania mogą być wyciągnięte ze zdania warunkowego. W formie argumentacji znanej jako modus ponens, zdanie kategoryczne potwierdza poprzednik zdania warunkowego, a wniosek potwierdza następnik, jak w podanym przykładzie.

W formie znanej jako modus tollens, teza kategoryczna zaprzecza następstwu warunku, a wniosek zaprzecza poprzednikowi. Rozumowanie dedukcyjne rozpoczyna się od ogólnej przesłanki, stosuje logikę, a następnie testuje tę logikę, aby dojść do wniosku. Przy tego typu podejściu można wywnioskować, że: jeśli przesłanki są prawdziwe, rozwiązanie również będzie prawdziwe. Takie myślenie nie wnosi nowych pomysłów, ale pozwala nam osiągnąć ostateczny pomysł do dalszego opracowania.

Jakie są cechy myślenia dedukcyjnego?

Myślenie dedukcyjne, podobnie jak inne myśli, ma określone cechy. Poniżej przeanalizujemy najważniejsze z nich.

Logiczny argumenty

Dedukcyjna argumentacja logiczna zaczyna się od ważnych argumentów, które mogą udowodnić prawdziwość matematycznych demonstracji i informacji.

Aby rozpoznać, czy pytanie należy do tej kategorii, należy odwołać się do definicji naukowych:

- Modus ponens.

- Modus tollens.

- Sylogizm.

Możemy zatem powiedzieć, że jeśli przesłanki, które możemy określić literą A, są poprawne, to wynik końcowy, który możemy określić literą B, również będzie poprawny.

Nie możemy zapominać, że jeśli początkowe założenia są poprawne, to wnioski również będą poprawne.

Kiedy mówimy o logicznej argumentacji, mamy na myśli mechanizmy, które pozwalają nam potwierdzać lub nie potwierdzać prawdy, a tym samym również informacji.

Argument, który ma określoną strukturę, następuje w określonej kolejności, co sprawia, że kolejność jest ważniejsza niż treść.

Założenie, że przesłanki są prawdziwe

Osoba stosująca myślenie dedukcyjne zaczyna od pewnych ogólnych przesłanek, a następnie dochodzi do konkretnych wniosków, uzyskując dane z analizy różnych zmiennych.

Na przykład, jeśli wchodzisz do sklepu i widzisz, że ubrania, które oglądasz, są drogie, wnioskujesz, że sklep jest dla ciebie za drogi.

Z powyższego przykładu wnioskujemy zatem, że aby myślenie dedukcyjne rozwinęło się w naszym umyśle, musimy zacząć od pewności, że jedna lub więcej informacji jest prawdziwa; jeśli tak się nie stanie, nie dojdziemy do wyraźnego wniosku.

Brak żadnych nowych informacji

Myślenie dedukcyjne nie dostarcza nowych informacji. Jeśli przesłanki są prawdziwe, argumenty będą na nich oparte, więc nie będziemy potrzebować żadnych dodatkowych informacji, aby dojść do konkluzji.

Jeśli przesłanki są prawdziwe, wniosek jest również prawdziwy.

Przypomnijmy, że podstawowe cechy myślenia dedukcyjnego są trzy:

- wniosek, który musi wynikać z przesłanek;

- jeśli przesłanki są prawdziwe, a wniosek z nich wynika, to ten ostatni będzie prawdziwy.

- wniosek zawsze można wyprowadzić z przesłanek, ale czasami jest on w rzeczywistości wyraźny.

Na koniec pamiętaj, że w myśleniu dedukcyjnym nie jest ważna argumentacja stojąca za przesłankami, a jedynie fakt, że jeśli poprzednie przesłanki są prawdziwe, to wniosek również będzie prawdziwy.

Narażenie na nieprawdę

Myśliciel dedukcyjny, jak powiedzieliśmy wcześniej, nie patrzy na prawdziwość przesłanek, nie polegając na ich treści, więc jeśli całość opiera się na przesłankach, które nie są prawdziwe lub półprawdziwe, dochodzimy do nieprawdziwych wniosków. Ta sama sytuacja może wystąpić w przypadku, gdy nie jesteśmy pewni, czy przesłanki są prawdziwe, czy nie; zakładając, że nie wiemy, czy są one prawdziwe, czy nie, możemy przeprowadzić błędne rozumowanie i dojść do błędnego wniosku.

Typowe przykłady myślenia dedukcyjnego

Istnieją trzy główne typy rozumowania dedukcyjnego, które możemy wykorzystać do testowania dedukcji: sylogizm, modus ponens i modus tollens. Przeanalizujmy je po kolei.

Sylogizm

Sylogizm jest prawdopodobnie najprostszym z 3 typów rozumowania dedukcyjnego. Mówiąc najprościej, sylogizm stwierdza, że jeśli A=B i B=C, to A=C. Bierze dwie oddzielne klauzule i łączy je ze sobą. Bardziej kreatywnym przykładem może być: puma jest kotem, koty są ssakami, więc pumy są ssakami.

Modus tollendo tollens

Modus ponens ma miejsce, gdy dedukcja jest przedstawiona jako stwierdzenie warunkowe, udowodnione przez kolejne klauzule: poprzednik i następnik. Na przykład: każdy zawodnik Lakers jest w wieku od 21 do 31 lat. Mario Rossi jest zawodnikiem Lakers, więc musi mieć od 21 do 31 lat.

Modus ponendo ponens

Modus tollens jest przeciwieństwem modus ponens. Podczas gdy ten drugi potwierdza stwierdzenie warunkowe, ten pierwszy je obala. Na przykład: gdy masz gorączkę, twoja temperatura musi być wyższa niż 37 stopni; masz temperaturę poniżej 37 stopni, więc nie masz gorączki.

Inne przykłady myślenia dedukcyjnego to:

Nieprawdziwe przesłanki prowadzące do kłamstw

- Wszyscy mężczyźni noszą dżinsy przez cały czas.
- Jezus jest człowiekiem.
- Luca zawsze nosi dżinsy.

Nielogiczne rozumowanie prowadzi do kłamstw

- Jeśli dziecko krzyczy, to dlatego, że jest głodne.
- Mała dziewczynka krzyczy.
- W takim razie to dziecko jest głodne.

Należy pamiętać, że łatwo dojść do błędnego wniosku, gdy przesłanki są nieprawdziwe lub częściowo nieprawdziwe. Myślenie dedukcyjne jest powszechnie stosowane, a brak weryfikacji poprawności przesłanek może wprowadzić w błąd wiele osób, prowadząc je do błędnych wniosków

Przejdźmy do analizy innych rodzajów myślenia.

1.4 Myślenie indukcyjne

Wiele sposobów rozwiązywania problemów obejmuje rozumowanie indukcyjne lub indukcję. Mówiąc najprościej, indukcja jest sposobem rozumowania od części do całości, od szczegółu do ogółu, od przeszłości do przyszłości lub od obserwowanego do nieobserwowanego. Podczas gdy wnioskowanie dedukcyjne gwarantuje prawdziwość wniosków (jest rzeczywiście możliwe, że jeśli przesłanki są prawdziwe, wniosek jest fałszywy), wnioskowanie indukcyjne gwarantuje jedynie, że jeśli przesłanki są prawdziwe, wniosek jest prawdopodobny. Istnieje kilka głównych typów wnioskowania indukcyjnego, w tym wnioskowanie przyczynowe, wnioskowanie kategoryczne i wnioskowanie analogiczne.

We wnioskowaniu przyczynowo-skutkowym wnioskujemy, że coś jest lub może być przyczyną czegoś innego. Na przykład, słysząc dźwięk muzyki fortepianowej, można wywnioskować, że ktoś gra (lub grał) na fortepianie. Ale chociaż wniosek ten może być prawdopodobny, nie jest pewny, ponieważ dźwięki mogły zostać wyprodukowane przez elektroniczny syntezator. (Zobacz także indukcja, problem).

We wnioskowaniu kategorycznym ocenia się, czy coś jest lub może być członkiem określonej kategorii. Na przykład, widząc zwierzę, którego nigdy wcześniej nie widział, osoba z ograniczoną wiedzą na temat psów może być pewna, że to, co widzi, jest psem, ale mniej pewna co do konkretnego gatunku.

W rozumowaniu przez analogię stosuje się to, czego się nauczyło, do innej dziedziny. Arystoteles podał wzory dla dwóch możliwych wnioskowań analogicznych: "Jak A ma się do B, tak C ma się do D"; oraz "Jak A ma się do B, tak C ma się do D". Wnioskowanie analogiczne polega na zastosowaniu wyników znanej sytuacji do nowej lub nieznanej sytuacji. Ryzyko w tym podejściu może jednak wystąpić, jeśli dwie sytuacje są zbyt odmienne, aby zasługiwać na analogiczne porównanie.

Czym jest myślenie indukcyjne?

Leon Thurstone w 1938 roku zidentyfikował myślenie indukcyjne jako myślenie oparte na analizie konkretnych obserwacji. Analiza ta generuje ogólne rozwiązania (myślenie indukcyjne kontra dedukcyjne).

Rozumowanie indukcyjne to logiczne podejście do wyciągania wniosków. Ludzie często używają rozumowania indukcyjnego nieformalnie w codziennych sytuacjach.

Charakterystyka myślenia indukcyjnego

Rozumowanie indukcyjne rozpoczyna się od konkretnej przesłanki, a następnie rozszerza się do uogólnionego wniosku; w przypadku tego typu myślenia wniosek może być fałszywy nawet przy prawdziwych przesłankach.

Założenie indywidualne

Rozpoczęcie od konkretnego założenia pozwala nam mieć jasną opinię.

Wnioski

Wniosek w tym przypadku nie jest implikowany przez przesłanki; jeśli nawet są one prawdziwe, istnieje możliwość, że wniosek nie jest prawdziwy.

Można powiedzieć, że myślenie indukcyjne:

Tendencja do wzmacniania

Treść w przesłankach, w przeciwieństwie do myślenia dedukcyjnego, jest bardzo ważna, a dzięki konkluzji możemy uzyskać nowe informacje, których wcześniej nie mieliśmy.

Zawodność

Nie jest ostateczne, ponieważ wnioski nigdy nie są ustalone, a jedynie możliwe.

Brak klasyfikacji

Rozumowanie indukcyjne jest podejściem oddolnym, podczas gdy rozumowanie dedukcyjne jest podejściem odgórnym.

Jest szeroko stosowane w dziedzinach takich jak eksperymenty i innowacje; dlatego nie mówimy o pewnikach, a jedynie o możliwościach, w których dane są gromadzone w celu poparcia argumentów.

W rozumowaniu dedukcyjnym przeprowadzasz wnioskowanie z ogólnych przesłanek do konkretnych wniosków. Zaczynasz od teorii i możesz opracować hipotezę, którą testujesz empirycznie. Zbierasz dane z wielu obserwacji i używasz testu statystycznego, aby dojść do wniosku na temat swojej hipotezy.

Badania indukcyjne mają zazwyczaj charakter eksploracyjny, ponieważ uogólnienia pomagają rozwijać teorie. Z kolei badania dedukcyjne mają zazwyczaj charakter potwierdzający.

Czasami zarówno podejście indukcyjne, jak i dedukcyjne są łączone w ramach jednego badania.

Przykład myślenia indukcyjnego

Uogólnienia indukcyjne wykorzystują obserwacje próby do wyciągnięcia wniosków na temat populacji, z której pochodzi.

Uogólnienia indukcyjne są również nazywane indukcją przez wyliczenie.

Przykład: Uogólnienie indukcyjne

- Tutejsze flamingi są różowe.

- Wszystkie flamingi, jakie kiedykolwiek widziałem, są różowe.

- Wszystkie flamingi muszą być różowe.

Uogólnienia indukcyjne są oceniane przy użyciu różnych kryteriów:

- Duża próba: próba powinna być duża, aby uzyskać solidny zestaw obserwacji.

- Losowy dobór próby: metody probabilistyczne pozwalają na uogólnienie wyników.

- Różnorodność: Twoje obserwacje powinny być ważne zewnętrznie.

- Kontr-dowód: każda obserwacja, która obala twoje uogólnienie, falsyfikuje twoje uogólnienie.

Dlaczego myślenie indukcyjne jest tak ważne?

Rozumujemy indukcyjnie każdego dnia, często nawet nie zdając sobie z tego sprawy. Rozumowanie indukcyjne polega na tworzeniu uogólnień na podstawie serii konkretnych obserwacji.

Rozumowanie indukcyjne jest narzędziem, którego używamy na co dzień, aby zrozumieć otaczający nas świat. Jest ono jednak również podstawą metod maukowych, które stanowią sposób prowadzenia badań. Naukowcy zbierają dane - konkretne obserwacje - na podstawie których formułują hipotczy - uogólnienia - które informują o dalszych badaniach.

Dokonajmy rozróżnienia między głównymi cechami myślenia indukcyjnego i dedukcyjnego. Podczas gdy rozumowanie indukcyjne jest określane jako "rozumowanie oddolne", ponieważ zaczyna się od konkretnych obserwacji, które prowadzą do uogólnienia, rozumowanie dedukcyjne jest znane jako "rozumowanie odgórne", ponieważ zaczyna się od ogólnych zasad, które prowadzą do konkretnych wniosków.

Dzięki rozumowaniu indukcyjnemu naukowcy byli w stanie rozwijać ludzką wiedzę i promować innowacje. Metoda naukowa, ramy, w których prowadzone są wszystkie badania naukowe, opiera się na rozumowaniu indukcyjnym. Bez indukcji naukowcy nie mogliby formułować hipotez na podstawie swoich obserwacji.

Hipotezy są niezbędne do kierowania przyszłymi badaniami i opracowywania nowych teorii, więc postęp naukowy zależy od wnioskowania indukcyjnego.

Co więcej, wnioskowanie indukcyjne, którego dokonujemy w naszym codziennym życiu, które często tworzymy bez większego świadomego wysiłku, jest niezwykle przydatne w poszerzaniu naszego zrozumienia świata. Identyfikując wzorce w naszym otoczeniu, nie tylko uzyskujemy informacje o tym, jak działa świat, ale także o tym, jak powinniśmy się zachowywać. Przykładem rozumowania indukcyjnego jest coś tak prostego, jak wiedza, że składniki potrzebne do zrobienia kanapki można znaleźć w lodówce, ponieważ właśnie tam znaleźliśmy je poprzedniego dnia.

1.5 Kreatywne myślenie

Kreatywni myśliciele badają wiele perspektyw i możliwości, co pozwala im podążać różnymi ścieżkami wiedzy. Kreatywne myślenie, w przeciwieństwie do poprzednich, koncentruje się na tym, jak przetwarzamy otrzymywane informacje.

Czym jest kreatywne myślenie?

Kreatywne myślenie polega na opracowywaniu innowacyjnych rozwiązań problemów. Kreatywni myśliciele przeprowadzają burzę mózgów nie tylko nad dużą liczbą pomysłów, ale także nad ich różnorodnością i zakresem.

Po przeprowadzeniu burzy mózgów kreatywni myśliciele eksperymentują z pomysłami. Patrzą na pomysły z wielu perspektyw i sprawdzają, jak ich rozwiązania pasują do zakresu tego, nad czym pracują. Kreatywni myśliciele nie boją się ryzyka i uwielbiają tworzyć nowe pomysły. Zdolność do opracowywania, testowania i wdrażania oryginalnych rozwiązań sprawia, że są oni cennym zasobem w niemal każdym miejscu pracy. W pracy kreatywne myślenie może wyglądać następująco:

- Przeprowadzenie interaktywnej burzy mózgów w celu zebrania wstępnych przemyśleń na temat projektu.

- Ocena trwających procesów i zaproponowanie sugestii, jak je ulepszyć.

- Zbadanie innych sposobów wprowadzania produktu na rynek i przeprowadzenie eksperymentu z nowymi kanałami marketingowymi.

- Opracowanie innowacyjnego sposobu dotarcia do potencjalnych klientów.

- Zidentyfikowanie wyjątkowej okazji do promowania marki korporacyjnej i opracowanie strategii w tym zakresie.

Pojęcie kreatywności zajmuje bardzo ważne miejsce w psychologii edukacyjnej. Postęp każdego kraju zależy od stopnia rozwoju kreatywności wśród jego obywateli. Dlatego w dzisiejszych czasach postępowe narody dążą do rozwijania kreatywności nowych pokoleń.

Kreatywni mężczyźni i kobiety rodzą się w różnych okolicznościach. Widzimy w historii świata, że było kilku filozofów, poetów, pisarzy i malarzy, którzy porzucili swoje szkolne zajęcia, predestynowani jako zacofani uczniowie, stworzyli wielkie dzieła w swoim późniejszym życiu.

Powyższa definicja podkreśla, że kreatywne myślenie oznacza oryginalne myślenie, nowe rodzaje skojarzeń, rozbieżne myślenie i zachowanie oraz nowe rozwiązania starych problemów. Myślenie osoby kreatywnej jest dynamiczne, elastyczne, oryginalne i nowe.

Kreatywność jest subiektywna; nie wszyscy ludzie są kreatywni we wszystkich obszarach, mogą oni mieć obszary o wysokiej kreatywności i obszary, w których w ogóle nie są kreatywni.

Charakterystyka kreatywnego myślenia

Kreatywne myślenie ma kilka cech, które przedstawimy teraz w punktach:

- Aby być kreatywnym, osoba powinna być świadoma problemów w swojej sytuacji. Dokłada wszelkich starań, aby znaleźć nowe rozwiązania tych problemów.

- Dynamiczne myślenie: kreatywna osoba nie tylko myśli kreatywnie, ale także dynamicznie. Ma większą zdolność adaptacji, to dostrojenie jest poszukiwane poprzez nowe kombinacje.

- Najważniejszą cechą kreatywności jest myślenie dywergencyjne. Myślenie dywergencyjne oznacza ciągłość, elastyczność i oryginalność. Cechy te można zaobserwować w pracach wielkich naukowców, filozofów i myślicieli literackich.

- Ponadto, kreatywność prowadzi do praktycznych rezultatów. Według Brunera nowy pomysł przynosi ogromną przyjemność myślicielowi, ponieważ zachwyca innych. Uważa on, że kreatywne produkty muszą być imponujące. Dlatego osoba kreatywna jest całkowicie zaangażowana w swoją pracę.

- Ważną cechą kreatywnego myślenia jest elastyczność zarówno myśli, jak i zachowania. Osoba kreatywna jest zawsze gotowa do przyjęcia nowych postaw, pomysłów lub zachowań.

- Oryginalność jest podstawową cechą kreatywnego myślenia; kreatywna osoba wykorzystuje nowe pomysły, nowe postawy i metody, bez ograniczeń.

- Aby osiągnąć powyższe cechy kreatywnego myślenia, kreatywna osoba powinna mieć wystarczającą ciekawość. To właśnie z ciekawości taka osoba chętnie uczy się nowych rzeczy z każdej dziedziny. To właśnie z ciekawości stara się stosować nowe metody.

- Zwykła osoba jest na ogół ograniczona do swojego bezpośredniego otoczenia i okoliczności, a zatem nie może wznieść się ponad nie. Z drugiej strony osoba kreatywna ma zdolność wykraczania poza bezpośrednie okoliczności i wykazywania się nowatorstwem w myśleniu i zachowaniu.

- Aby znaleźć nowe rozwiązania, konieczne jest spojrzenie na problem z innej perspektywy. Przedmiot myślenia powinien być nowy i wartościowy. Myślenie powinno być rozbieżne, wysoce zmotywowane i ciągłe.

Badania i praktyka w danych obszarach i materiałach wygenerują nowe spostrzeżenia, otworzą nowe perspektywy w umyśle, które wydobędą wysoko cenioną ludzką cechę: kreatywność.

Wiele procesów lub faz zostało zidentyfikowanych jako typowe dla kreatywnego myślenia. Zgodnie z dobrze znaną teorią, w pierwszej fazie, przygotowawczej, myśliciel gromadzi i bada zasoby, być może podejmując wstępne decyzje dotyczące ich wartości w rozwiązywaniu danego problemu. Inkubacja to kolejna faza, w której jednostka rozważa możliwości i przechodzi od jednej do drugiej stosunkowo swobodnie i bez sztywnych uprzedzeń oraz racjonalnych lub logicznych ograniczeń. Oświecenie następuje, gdy zasoby znajdą się na swoim miejscu i zostanie podjęta ostateczna decyzja dotycząca wyniku lub rozwiązania. Po tym następuje weryfikacja, proces wprowadzania stosunkowo niewielkich zmian w celu nadania pomysłom ostatecznej formy.

Chociaż te cztery kroki zostały uporządkowane w logicznej kolejności, często różnią się one znacznie i przebiegają w różnej kolejności w zależności od osoby. Wielu kreatywnych ludzi osiąga swoje cele, stosując specjalne strategie, których nie da się jasno opisać. Etapy wyszukiwania, inkubacji, oświecenia i weryfikacji są charakterystyczne dla kreatywnych myślicieli w ogóle, ale nie gwarantują, że wynik będzie pomyślny. Wyniki zależą również od tego, czy dana osoba posiada niezbędne cechy osobowości i umiejętności; ponadto jakość kreatywnego myślenia wynika ze szkolenia twórcy.

Kreatywne myślenie polega na wykorzystywaniu wewnętrznych zasobów do osiągania wymiernych rezultatów. Na proces ten duży wpływ mają wczesne doświadczenia i szkolenia.

Przyjrzyjmy się dokładniej każdej fazie kreatywnej.

Wyszukiwanie

Gromadzenie informacji i materiałów, identyfikowanie źródeł inspiracji i zdobywanie wiedzy na temat danego projektu lub problemu. Jest to często proces wewnętrzny (głębokie myślenie w celu generowania i angażowania się w pomysły), jak również zewnętrzny (wychodzenie w świat w celu zebrania niezbędnych danych, zasobów, materiałów i wiedzy specjalistycznej).

Inkubacja

Następnie pomysły i informacje zebrane w pierwszej fazie są przechowywane w umyśle. W miarę jak pomysły powoli wypływają, praca pogłębia się i tworzą się nowe połączenia. Podczas okresu kiełkowania artysta odwraca uwagę od problemu i pozwala umysłowi odpocząć.

Oświecenie

Następnie przychodzi nieuchwytny moment aha (Aha Moment). Po okresie inkubacji, spostrzeżenia wyłaniają się z najgłębszych warstw umysłu i przebijają się do świadomości, często w gwałtowny sposób. Jest to nagła Eureka, która przychodzi, gdy jesteś pod prysznicem, na spacerze lub zajęty czymś zupełnie niezwiązanym. Pozornie znikąd pojawia się rozwiązanie.

Weryfikacja

Po momencie aha, słowa zostają zapisywane, wizja jest przenoszona na farbę lub glinę, opracowywany jest biznes plan. Wszystkie pomysły i spostrzeżenia, które pojawiły się w fazie 3, są wzbogacane i rozwijane. Artysta wykorzystuje umiejętności krytycznego myślenia i oceny estetycznej, aby dopracować i udoskonalić dzieło, a tym samym przekazać jego wartość innym.

Czego oczekuje się od kreatywnego myślenia?

Istnieje wiele sposobów na kreatywne rozwiązywanie codziennych problemów, nawet jeśli uważasz, że nie jesteś kreatywny.

Kreatywne myślenie nie jest trudne, wymaga jedynie praktyki.

Rozwijanie umiejętności twórczych jest kluczem do innowacji.

Kreatywne myślenie często wymaga korzystania z różnych stylów myślenia i analizowania informacji z różnych perspektyw w celu dostrzeżenia nowych wzorców.

Przykłady kreatywnego myślenia

Kreatywne myślenie jest cenne w wielu sytuacjach, nie tylko w tradycyjnie kreatywnych branżach.

Jednym z cennych aspektów kreatywnego myślenia, jest zidentyfikowanie właściwego problemu.

Korzystanie ze strategii myślenia dywergencyjnego może pomóc w zbadaniu problemu pod każdym kątem i zidentyfikowaniu jego prawdziwego źródła.

Po znalezieniu głównego problemu można użyć myślenia lateralnego lub konwergencyjnego, aby odkryć nowe rozwiązania, które mogły nie być wcześniej dostępne.

Dodanie ograniczeń, takich jak sekwencja czasowa lub budżet projektu, może również pomóc w kierowaniu sesją kreatywnego myślenia.

Na przykład, można przeprowadzić burzę mózgów na temat tego, jak poradzić sobie z konkretnym problemem, jeśli istniejący budżet zostanie zmniejszony o połowę. Ograniczenia mogą pomóc w stymulowaniu unikalnych pomysłów, które mogłyby zostać przeoczone.

Znaczenie kreatywnego myślenia

Łatwo jest utknąć w tych samych schematach myślowych, zwłaszcza w pracy. Jednak takie schematy myślowe mogą utrudniać innowacyjność i utrzymywać cię w rutynie, która ci nie służy.

Kreatywne myślenie pokazuje nam, że istnieje wiele rozwiązań dla każdego problemu, a rozwijanie umiejętności kreatywnego myślenia pomaga szybciej rozpoznawać innowacyjne rozwiązania.

Co więcej, kreatywność była najbardziej poszukiwaną umiejętnością miękką w 2020 roku, więc wzmocnienie umiejętności twórczych może również wyróżnić cię w pracy.

Kreatywne myślenie jest bardzo ważne w rozpoznawaniu wzorców, które mogą nie być widoczne na pierwszy rzut oka; wszystko w połączeniu z myśleniem i koncentracją. Kreatywne myślenie przekształca cię w osobę lepiej rozpoznającą problemy, co przynosi daleko idące korzyści zarówno w pracy, jak i w życiu osobistym.

Ekspresyjne i kreatywne myślenie pomaga nam kwestionować nasze założenia, odkrywać nowe rzeczy o nas samych i naszej perspektywie, pozostać bystrymi umysłowo i jeszcze bardziej optymistycznymi.

1.6 Krytyczne myślenie

Zdolność do jasnego i racjonalnego myślenia przy jednoczesnym rozpoznawaniu logicznego związku między pojęciami jest znana jako myślenie krytyczne. Wymaga to od jednostki dedukcji rozumowania stojącego za wszystkim i bycia aktywnym uczniem, a nie biernym odbiorcą informacji. Zamiast akceptować pomysły i założenia takimi, jakie są, inteligentny krytyczny myśliciel będzie je kwestionował. Nieustannie sprawdzając, czy pomysły, argumenty i ustalenia reprezentują cały obraz danego stwierdzenia.

Czym jest krytyczne myślenie?

Krytyczne myślenie nie polega po prostu na nieszablonowym myśleniu, ale na konsekwentnym i jasnym zrozumieniu racjonalnych powiązań między pomysłami.

Dobry krytyczny myśliciel będzie kwestionował pomysły i założenia, zamiast akceptować je takimi, jakie są. Jak wspomniano wcześniej, krytyczne rozumowanie polega na systematycznym odkrywaniu, analizowaniu i rozwiązywaniu problemów. Twierdzenie i argumentacja, twierdzenie i założenie, twierdzenie i wniosek, twierdzenie i sposób działania, przyczyna i skutek i tak dalej są kluczowymi rozdziałami krytycznego rozumowania. Przyjrzyjmy się teraz wielu rodzajom krytycznego rozumowania.

Etapy krytycznego myślenia

Aby dojść do konkluzji, jakakolwiek by ona nie była, pomysły muszą przejść przez kilka etapów. Możemy zatem podsumować główne etapy krytycznego myślenia w ten sposób:

- Identyfikacja problemu lub pytania; im węższy problem, tym łatwiej znaleźć rozwiązania i odpowiedzi.

- Zbieranie danych, opinii. Spróbuj znaleźć różne źródła przedstawiające różne pomysły i punkty widzenia.

- Analiza i ocena danych. Czy źródła są wiarygodne? Czy ich wnioski są poparte danymi, czy tylko argumentami? Czy istnieją wystarczające informacje lub dane na poparcie pewnych hipotez?

- Określ hipotezy. Czy jesteś pewien, że znalezione źródła są bezstronne? Czy jesteś pewien, że nie byłeś stronniczy w poszukiwaniu odpowiedzi?

- Ustalenie znaczenia. Jakie informacje są najważniejsze? Czy wielkość próby jest wystarczająca? Czy wszystkie opinie i argumenty są istotne dla problemu, który próbujesz rozwiązać?

- Podjęcie decyzji i wyciągnięcie wniosków. Zidentyfikuj różne możliwe wnioski i zdecyduj, które (jeśli w ogóle) są wystarczająco uzasadnione. Zrównoważ mocne strony i ograniczenia wszystkich możliwych opcji.

Charakterystyka krytycznego myślenia

Dobre myślenie krytyczne to proces, który wymaga silnych umiejętności poznawczych i pozytywnych cech psychicznych. Ważne są umiejętności krytycznego myślenia, takie jak analiza, ocena, dedukcja, indukcja i kalkulacja.

Najważniejsze cechy tego typu myślenia to:

- Ciekawość jest jedną z najważniejszych cech krytycznego myślenia. Badania wykazały, że stan ciekawości napędza nas do ciągłego poszukiwania nowych informacji, ponieważ musimy stale poszerzać naszą wiedzę, aby podejmować świadome decyzje.

- Badanie jest kluczowym elementem krytycznego myślenia, dlatego ważne jest, aby być analitycznym. Myślenie analityczne polega na rozbijaniu złożonych pomysłów na ich najprostsze formy.

- Kolejną cechą krytycznego myślenia jest umiejętność wyciągania logicznych wniosków na podstawie przeglądu dostępnych faktów, wydarzeń i pomysłów. Analizowanie dostępnych informacji oraz obserwowanie wzorców i trendów pomoże ci znaleźć relacje i podejmować świadome decyzje w oparciu o to, co może się wydarzyć.

Przykłady krytycznego myślenia

Oto kilka przykładów krytycznego myślenia:

- Czytasz wiadomość w gazecie, ale zanim ją rozpowszechnisz, próbujesz obalić tę informację w oparciu o wszelkie możliwe badania, w tym badania w Internecie.

- Niektórzy uczeni, którzy badali najważniejsze teorie stojące za powstaniem wszechświata, zdali sobie sprawę, że badania przeprowadzone w poprzednich latach miały pewne luki. Dlatego przeprowadzili dalsze eksperymenty, aby znaleźć prawdę.

- Nigdy nie bierzmy żadnych informacji za pewnik, ale zawsze szukajmy prawdy. Notariusz kosztuje 10 tyś. dla każdego. Należy poszukać notariuszy i poprosić ich o wycenę.

Znaczenie

Dlaczego krytyczne myślenie jest ważne? Decyzje, które podejmujesz, wpływają na jakość twojego życia. A jeśli chcesz mieć pewność, że żyjesz w najlepszy, najbardziej udany i najszczęśliwszy sposób, będziesz musiał dokonywać świadomych wyborów.

Można to zrobić po prostu poprzez krytyczne myślenie. Krytyczne myślenie może pomóc ci lepiej zrozumieć siebie, pozwalając uniknąć negatywnych lub ograniczających przekonań, jednocześnie koncentrując się bardziej na swoich umiejętnościach. Umiejętność wyrażania siebie może poprawić jakość życia. Krytyczne myślenie jest uniwersalne i niezależnie od wybranej ścieżki lub zawodu, umiejętność ta zawsze będzie istotna i pomocna w osiągnięciu sukcesu.

Krytyczne myślenie umożliwia nam nie tylko rozwiązywanie problemów, ale także poszukiwanie nowych i kreatywnych pomysłów; pozwala nam również je analizować i dostosowywać do nas i naszej sytuacji.

Potrzebujemy tego rodzaju myślenia, ponieważ pomaga nam ono zastanowić się nad sobą i znaleźć podstawę naszych opinii lub sposobu życia, a także jest narzędziem do oceny.

Zrozumienie myśli

Twoje myśli mają wpływ na twoje uczucia i zachowania.

Często nawet nie zdajemy sobie sprawy z tego, w jaki sposób myślimy, co wpływa na nasze reakcje i emocje. Dlatego im lepiej zrozumiesz i rozpoznasz swoje myśli, tym większą masz moc, aby zmienić swoje nastroje i zachowanie.

Nasze myśli są najważniejsze i decydują o tym, jak się czujemy i reagujemy. Tak więc, jeśli możesz zmienić swoje myśli, możesz zmienić sposób, w jaki się czujesz i odpowiednio działać. Na przykład, jeśli wyślesz wiadomość do znajomego, a on nie odpowie od razu, możesz pomyśleć, że jest zły, co prawdopodobnie sprawi, że poczujesz się zdenerwowany i zestresowany.

W tej samej sytuacji, jeśli pomyślisz, że może nie sprawdził telefonu, prawdopodobnie będziesz kontynuować swój dzień.

Możesz więc zmienić swój nastrój poprzez uświadomienie sobie swoich myśli. Po zyskaniu tej świadomości można zacząć zmieniać swoje myśli. Należy zawsze pamiętać, że myśli nie stały się jeszcze faktami, ale pozostają nimi, dopóki nie zaczniemy działać.

Mamy więc moc, by zmienić to, co myślimy.

Czasami myśli mogą pogarszać naszą sytuację, a czasami to emocje mogą działać na naszą niekorzyść. Jeśli więc mamy bardzo intensywne myśli i emocje, to mogą one mieć wpływ na nasze działanie. Czasami, jeśli naprawdę utkniemy w negatywnym sposobie myślenia o czymś, może to negatywnie wpłynąć na nasze emocje.

Rozpoznawanie i zarządzanie naszymi myślami i uczuciami jest bardzo ważnym narzędziem samoświadomości i rozwoju osobistego.

Co więcej, im bardziej jesteś świadomy tego, co dzieje się wewnątrz ciebie i potrafisz odróżnić swoje myśli od uczuć, tym łatwiej będzie ci komunikować swoje myśli i uczucia, gdy zajdzie taka potrzeba; im więcej ćwiczysz samoświadomość, tym bardziej zdajesz sobie sprawę, kiedy mieszasz uczucia z myślami.

Dlatego im bardziej jesteśmy samoświadomi i im częściej używamy języka do identyfikowania naszych uczuć, tym łatwiej nam to przychodzi.

Będąc w stanie wyodrębnić swoje uczucia, możesz w rzeczywistości rozwinąć dokładniejsze zrozumienie swoich myśli, nawet gdy doświadczasz silnych emocji, takiego jak złość.

Poszerzenie słownictwa emocjonalnego i samoświadomości pomoże ci zrozumieć, w jaki sposób twoje myśli i uczucia wpływają na twoje życie. Im więcej czasu poświęcisz na samoświadomość, tym większą będziesz mieć kontrolę reagując na sytuację będąc pod wpływem silnych emocji.

Podsumowując, uczymy się rozumieć nasze myśli i zarządzać nimi, nie pozwalając im nas przytłoczyć. Jeśli stracimy równowagę, nasze postrzeganie rzeczywistości zostanie zniekształcone, doprowadzi nas do stresu i będzie miało negatywny wpływ na nasze zdrowie psychofizyczne.

W kolejnych rozdziałach zajmiemy się tym stanem i jego wpływem na nasze życie.

Rozdział 2
Ścieżka nadmiernych myśli

Źródłem każdej myśli jest życie, a kiedy istoty ludzkie zdały sobie sprawę, że aby osiągnąć cele, nawet te związane z przetrwaniem, muszą myśleć, zaczęły je rozpoznawać i wykorzystywać.

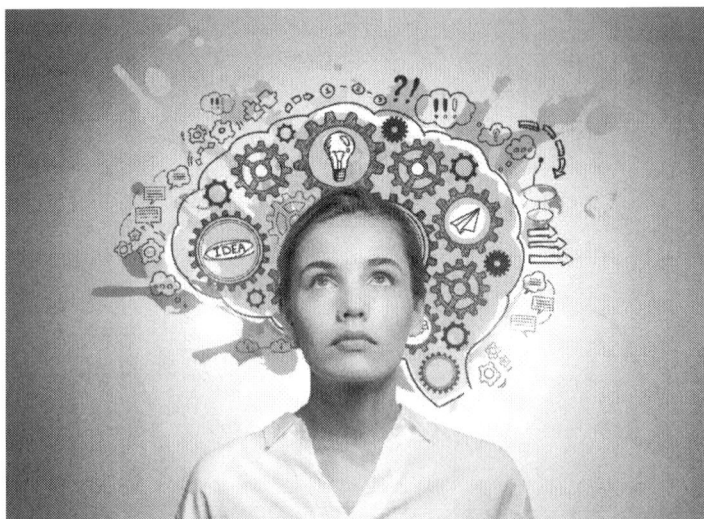

2.1 Dlaczego za dużo myślimy?

Nadmierne myślenie to jest trudnym do przerwania nawykiem. Możesz przekownywać samego siebie, że nadmierne myślenie o czymś może pomóc ci opracować najlepsze rozwiązanie; jednak zwykle tak nie jest. Kiedy myślimy o czymś przez długi czas, nasza energia jest wyczerpywana i dlatego nie jesteśmy w stanie wykonać działań, które byłyby odpowiednie i produktywne.

Ponadto ciągłe myślenie o najgorszych scenariuszach, rzeczach, które można było zrobić lub przewidywanie swoich decyzji i błądzenie umysłem może być wyczerpujące.

Nadmierne myślenie wiąże się z ciągłym myśleniem o określonym temacie lub sytuacji, analizując je przez długi czas. Kiedy nadmiernie myślisz, masz trudności z koncentracją na innych tematach i jesteś pochłonięty jedną rzeczą, o której myślisz.

Podczas gdy niektórzy uważają, że nadmierne myślenie może być pomocne, ponieważ wymaga spojrzenia na problem z niemal każdego możliwego punktu widzenia oraz przewidywania przyszłych wydarzeń, jest wręcz przeciwnie. Badania sugerują, że nadmierne myślenie wiąże się z depresją, lękiem i zespołem stresu pourazowego.

Każdy z nas myśli czasem zbyt wiele, jednak znalezienie sposobów na zakończenie takiej gonitwy myśli może pomóc w podjęciu działań zamiast samego myślenia o rzeczach, które nas niepokoją.

Zamiast ponownie rozważać coś w swoim umyśle, możesz zacząć podejmować niezbędne kroki w celu rozwiązania sytuacji.

Nadmierny myśliciel może z łatwością potwierdzić, jak progresja nadmiernego myślenia dusi i męczy, i jak całe to myślenie na koniec dnia było absolutną stratą.

Nadmierne myślenie jest określane jako nieproduktywne i może prowadzić do ruminacji.

Utrudnia czerpanie przyjemności z codziennych czynności i zakłóca naszą regulację emocjonalną oraz wzorce snu.

Jest to błędne koło; i jest znane jako niezdrowa rutyna, która przynosi stres i powoduje, że taka osoba skupia się wyłącznie na negatywnych aspektach i martwi się o przyszłe wydarzenia, rozpamiętując również te z przeszłości.

Nadmierne zamartwianie się i stres mogą prowadzić do objawów, takich jak drażliwość, zmęczenie, trudności z koncentracją lub zapamiętywaniem oraz bezsenność. Problemy trawienne i napięcie w ramionach i szyi są również powszechnymi objawami fizycznymi związanymi ze stresem i niepokojem.

Jeśli zastanawiasz się, czy nie myślisz za dużo o jakiejś konkretnej sytuacji lub zmartwieniu, istnieją pewne szczególne oznaki, które to wyróżniają:

- Niezdolność do myślenia o czymkolwiek innym

- Brak możliwości zrelaksowania się

- Uczucie ciągłego zmartwienia lub niepokoju

- Fiksowanie się na rzeczach, na które nie ma się wpływu

- Uczucie psychicznego wyczerpania

- Pojawiające się negatywne myśli

- Powtarzanie w myślach danej sytuacji lub doświadczenia

- Próba przewidzenia swoich decyzji

- Rozważanie wszystkich najgorszych scenariuszy

2.2 Ilość myśli w naszych umysłach może być problemem, ale jeszcze większym jest ich jakość.

Niektóre myśli, takie jak fantazje lub przewidywanie planów na weekend, mogą wywoływać uczucie przyjemności i podniecenia.

Z drugiej strony nieprzyjemne myśli mogą mieć trwały wpływ na nastrój i stan umysłu. Zmartwienia dotyczące związku, wyników w pracy lub zdrowia: każde z nich może się pojawić i odwrócić uwagę od aktywności i produktywności.

Ze względu na negatywne nastawienie, mamy tendencję do przypisywania większego znaczenia tym właśnie negatywnym myślom, nawet jeśli nie stanowią one bezpośredniego lub prawdopodobnego zagrożenia.

Nie ma pewności, że coś, o co się martwisz, wydarzy się, ale mimo to trudno jest przestać myśleć i odrzucić tysiące razy w ciągu dnia te same negatywne myśli..

Eksperci nie opracowali jeszcze konkretnych szacunków dotyczących liczby negatywnych myśli, jakie ludzie zazwyczaj mają w ciągu dnia, ale nie można zaprzeczyć, że problemy ze zdrowiem psychicznym, takie jak depresja i stany lękowe, mogą przyczyniać się do liczby pojawiających się niepożądanych myśli, zwłaszcza gdy te stany nie są leczone. Nie zapominajmy, że negatywne myśli są jedną z przyczyn prowadzących do stresu, depresji i lęku; w skrócie, błędne koło.

Jak wspomnieliśmy wcześniej, rozmyślanie lub skupianie się na cyklu niepokojących lub mrocznych myśli bez szukania rozwiązań może wystąpić zarówno w przypadku lęku, jak i depresji.

Dobrze jest pamiętać, że nie wszystkie myśli są negatywne; możemy mieć również wiele pozytywnych myśli i to jest dobre.

Ostatecznie możemy stwierdzić, że z pewnością jakość naszych myśli silnie wpływa na nasze zdrowie psychiczne.

Jeśli wpadamy w spiralę negatywnych myśli, robimy tylko krok w kierunku lęku i depresji, a jak już powiedzieliśmy, w przypadku tych dwóch patologii negatywne myśli są wyzwalane jeszcze bardziej, powodując, że nakręcamy spiralę negatywności.

2.3 Przyczyny nadmiernego myślenia

Dlaczego ludzie za dużo myślą?

Wszyscy dużo myślimy, albo analizujemy, albo zastanawiamy się. Zamiast tego powinniśmy skupić się na byciu analitycznym i krytycznym, a także na ciekawości naszych myśli. Wśród nas są wyjątkowi ludzie, którzy chcą osiągać lepsze wyniki! Zawsze mówi się nam, że "wszystko jest lepsze, gdy mieści się w granicach".

Ludzie, którzy przekroczyli granicę, nie zdają sobie sprawy, że wpadli w negatywną przestrzeń mentalną, dopóki ich stan się nie pogorszy. Dlatego pytanie, które wciąż sobie zadajemy, brzmi: co sprawia, że myślimy za dużo i co może nas uchronić przed wpadnięciem w spiralę.

Osoba nadmiernie myśląca może z łatwością potwierdzić, jak progresja nadmiernego myślenia dusi cię i męczy, a na koniec dnia całe to myślenie było absolutną stratą czasu.

Nadmierne myślenie jest określane jako nieproduktywne i może prowadzić do ruminacji. Utrudnia cieszenie się codziennymi czynnościami i zakłóca naszą regulację emocjonalną i wzorce snu.

To błędne koło. Nadmierne myślenie jest niezdrową rutyną, która przynosi więcej stresu, ponieważ człowiek skupia się tylko na negatywnych aspektach i martwi się o przyszłe wydarzenia.

Obecne teorie twierdzą, że myśli powstają, gdy komórki nerwowe w mózgu, czyli neurony, komunikują się z innym komórkom poprzez uwalnianie substancji chemicznych zwanych neuroprzekaźnikami. W niezwykle krótkim czasie niezliczone inne neurony odpowiadają, uruchamiając łańcuch aktywnych neuronów wzdłuż ścieżek w mózgu.

Chociaż neurony mogą wysyłać te sygnały w dowolnym momencie, wydarzenia wokół ciebie często uruchamiają ten proces, wyzwalając myśli związane z tymi wydarzeniami.

Badania przeprowadzone w 2015 roku sugerują również, że dwa sąsiadujące ze sobą regiony w lewym płacie skroniowym mózgu współpracują ze sobą w celu konstruowania myśli.

Regiony te wydają się wykorzystywać podobny do algebry system zmiennych do kodowania znanych i nowych informacji w zrozumiałe myśli.

Jeśli chodzi o treść twoich myśli, twoje codzienne życie często odgrywa kluczową rolę. W końcu najprawdopodobniej myślisz o rzeczach, których doświadczasz regularnie.

Fakt ten pomaga wyjaśnić, dlaczego istnieje tak silny związek między problemami ze zdrowiem psychicznym a ruminacją. Kiedy niepokojące myśli i emocje nie ustępują, mogą wydawać się niemożliwe do wyeliminowania. Skupiasz się na nich, ponieważ po prostu nie wiesz, jak się ich pozbyć.

Możliwe przyczyny nadmiernego myślenia

Dwie podstawowe przyczyny nadmiernego myślenia to stres i niepokój. Częstymi czynnikami przyczyniającymi się do nadmiernego myślenia są również niska samoocena i brak poczucia bezpieczeństwa. Pomyślmy na przykład o pandemii, która właśnie minęła: dystans społeczny wywołał u nas stres i niepokój, a niepokój jest naturalną reakcją na strach. Podczas pandemii obawialiśmy się o naszą przyszłość: niepewność co do wszystkiego, chorób, śmierci i finansów.

Te sytuacje doprowadziły nas na ścieżkę nadmiernego myślenia.

Rodzicielstwo i przekonania

Dzieci mogą odczuwać niepokój w różnych okresach swojego życia i jest to normalne..

Musimy wiedzieć, że dzieci również martwią się i stresują, podobnie jak dorośli, ale o inne kwestie: o szkołę, przyjaciół itp. Ich czynniki lęku i stresu zmieniają się w zależności od etapu rozwoju.

Rodzice powinni być dla nich bezpieczną przystanią; powinni być wyrozumiali i wspierający, pomagając im zawsze znaleźć jasną stronę, nawet w sytuacjach, które pozornie takie nie są.

Zdarzają się jednak sytuacje, w których rodzice również zawodzą i powodują, a nawet podsycają niepokój u swoich dzieci. Czasami wynika to również ze sposobu, w jaki rodzice zostali wychowani i wykształceni.

Spróbujmy poniżej przeanalizować główne style rodzicielstwa i ich konsekwencje dla umysłu dziecka:

- Rodzicielstwo autorytarne. Rodzic ustala surowe zasady, więc dziecko ma niewiele miejsca na negocjacje lub popełnianie błędów.

- Rodzicielstwo autorytatywne. Rodzic skutecznie komunikuje się z dzieckiem i ustanawia zasady, które następnie egzekwuje, ale bez karania.

- Rodzicielstwo permisywne. Dziecko może swobodnie działać bez konieczności przestrzegania pewnych zasad, ponieważ są one bardzo ograniczone i prawie nigdy nie są egzekwowane.

- Niezaangażowani rodzice: dzieci mają całkowitą swobodę i prawie nie komunikują się z rodzicami na żaden temat, w tym na temat zasad zachowania, ponieważ one nie istnieją.

Istnieją mocne dowody na to, że sposób, w jaki rodzic wychowuje i edukuje dziecko, może wpływać na jego wzrost i rozwój. Dzieci najbardziej dotknięte tym problemem to nastolatki i osoby po okresie dojrzewania, w wieku od 14 do 18 lat. Efekty są bardzo widoczne u nastolatków i przejawiają się w słabych wynikach w szkole i sposobie wyznaczania celów.

U małych dzieci "zły" styl rodzicielstwa powoduje rozwój lęku separacyjnego. Klasyczną manifestacją tego objawu jest płacz dziecka, gdy rodzice się oddalają. Takie zachowanie jest normalne u niemowląt, ale powinno się zmniejszać wraz z ukończeniem przez nie czwartego roku życia. Jeśli przywiązanie utrzymuje się poza okresem niemowlęcym, należy zbadać stan psychiczny dziecka.

Autorytarne rodzicielstwo może zwiększać niepokój i depresję, ponieważ opiera się na surowej postawie wobec dzieci.

Dzieci wychowywane przez autorytarnych rodziców często martwią się o rzeczy, o które normalne dziecko nie powinno się martwić.

Natomiast, dzieci, które otrzymują silne wsparcie emocjonalne od swoich rodziców, lepiej kontrolują swoje emocje; wiedzą, jak zachować spokój i świadomość.

Zapewnienie autorytatywnego i pozytywnie permisywnego rodzicielstwa chroni również dzieci przed stresem i depresją. Dzieci wychowywane przez rodziców o takim podejściu rozwijają tolerancję i odczuwają znacznie mniejszą presję.

Co ciekawe, lęk w dzieciństwie związany ze stylami rodzicielskimi wydaje się być bardziej wyraźny u dziewcząt niż u chłopców, ale zjawisko to nie znalazło jeszcze solidnych podstaw w nauce i badaniach.

Obawy budzą statystyki dotyczące dziewcząt, które czują się porzucone lub odrzucone przez swoich rodziców; to poczucie "odrzucenia" prowadzi do tak poważnej depresji, że niektóre z nich przynajmniej raz w życiu próbują popełnić samobójstwo.

Podsumowując, specjaliści zalecają sprawdzanie dzieci pod kątem ogólnych zaburzeń, które mogą być spowodowane nieodpowiednim stylem rodzicielstwa.

Biorąc pod uwagę wszystkie zaburzenia, które mogą ujawnić się u dziecka lub nastolatka, wielu specjalistów zaleca edukowanie ich od najmłodszych lat na temat przyczyn i objawów stresu, lęku i depresji, tak aby od najmłodszych lat byli świadomi tego, z czym mogą się spotkać w trakcie swojego życia.

Chęć podjęcia właściwej decyzji

W końcu, patrzenie na problem pod każdym możliwym kątem może sprawić, że pomyślisz, że możesz dojść do konkluzji i rozwiązania w krótszym czasie, ale w rzeczywistości nadmierne myślenie powoduje odwrotny skutek: tworzy bariery i komplikuje naszą zdolność i jasnoś podejmowania decyzji. Kiedy nadmiernie myślisz, prawdopodobnie tracisz dużo czasu na szukanie innych opinii lub opcji, podczas gdy w ostatecznym rozrachunku, zwłaszcza w drobnych sprawach, mogą one nie mieć większego znaczenia. Prawdziwe pytanie brzmi: dlaczego ludzie mają obsesję na punkcie określonych rzeczy? Nadmierne zastanawianie się prowadzi czasami do wtórnego analizowania decyzji, które już podjąłeś, tracąc w ten sposób dużo czasu na rozmyślanie nad alternatywnymi, potencjalnie lepszymi decyzjami. Nadmierne myślenie jest formą psychicznej udręki, podczas gdy odrobina autoanalizy może naprawdę pomóc w uniknięciu nawrotu. Kiedy musimy podjąć decyzję, dręczy nas strach przed dokonaniem złego wyboru. Ten strach przed porażką sam w sobie nie jest niczym złym, ale tylko wtedy, gdy strach przed porażką inspiruje do myślenia o sukcesie i motywuje do działania w kierunku pożądanego celu.

Skąd więc bierze się strach przed porażką? Często wynika on ze strachu przed dokonaniem niewłaściwego wyboru, który jest najczęściej spowodowany nadmiernym myśleniem.

Odpowiedzialne rozwiązywanie problemów

Jest tak wiele pytań, które przez cały dzień czepiają się twojego umysłu, a tym samym prowadzą do nadmiernego myślenia i zamiast zmniejszać twoją niepewność, zamyka cię w spirali pytań i wątpliwości.

Oprócz tego taki schemat pozostawia cię w zawieszeniu, może również powodować nowe problemy w twoim życiu. Od trudności ze snem po zwiększone ryzyko chorób psychicznych. Badania powiązały nadmierne myślenie z długą listą negatywnych konsekwencji.

Łatwo jest jednak pomylić nadmierne myślenie z rozwiązywaniem problemów. Możesz przekonywać samego siebie, że rozmyślanie i zamartwianie się jest w jakiś sposób produktywne. Spróbujmy rzucić nieco światła na tę różnicę.

Rozwiązanie problemu niekoniecznie musi wynikać z intensywniejszego myślenia.

Czas i energia mentalna to nasze najcenniejsze zasoby. Mądrze byłoby więc zainwestować je w rozwiązywanie problemów, zamiast tracić czas na nadmierne myślenie.

Prosta definicja rozwiązywania problemów to "aktywne poszukiwanie rozwiązania". Innymi słowy, próbujesz dowiedzieć się, jak doskonalić umiejętności, stosować strategie i podejmować działania. Będziesz wiedział, że rozwiązujesz problemy, gdy zmniejszysz stres. Z drugiej strony, nadmierne myślenie oznacza nadmierną analizę, zamartwianie się i rozmyślanie.

Działania te sprawiają, że skupiasz się na problemie i uniemożliwiają znalezienie rozwiązania.

Nadmierne myślenie zwiększa niepokój. To z kolei zwiększa prawdopodobieństwo skupienia się na negatywnym myśleniu, co może prowadzić do utknięcia w stanie ciągłego niepokoju.

Zwracaj uwagę na momenty, w których kusi cię, by poświęcić więcej czasu na zastanawianie się nad daną sytuacją. Jeśli rozwiązujesz problemy, kontynuuj. Jeśli myślisz za dużo, nie marnuj więcej czasu na rozmyślania.

Gdy nauczysz się rozwiązywać problemy, a nie ruminować, będziesz mógł poświęcić swoje zasoby na produktywne działania. Będziesz miał siłę psychiczną, by poświęcić swój czas i energię na pożyteczne działania, które pomogą ci w pełni wykorzystać swój potencjał.

Stresujące sytuacje

Lęk to potężna emocja, która może spustoszyć nasze umysły i ciała. Kiedy doświadczamy niepokoju, nasze myśli koncentrują się na najgorszych scenariuszach, co może prowadzić do nadmiernego myślenia.

Z drugiej strony, nadmierne rozmyślanie jest aktem rozwodzenia się nad konkretną myślą lub sytuacją przez dłuższy czas, często aż do wyczerpania. Kiedy doświadczamy niepokoju, naturalną reakcją naszego ciała jest wejście w stan walki lub ucieczki; reakcja ta jest wyzwalana przez uwalnianie hormonów stresu, takich jak adrenalina i kortyzol, które przygotowują nasze ciała do reagowania na potencjalne zagrożenie.

Kiedy jednak nasze ciała znajdują się w stanie walki lub ucieczki, nasze umysły stają się niezwykle czujne, nieustannie skanując otoczenie w poszukiwaniu zagrożeń. Ta zwiększona czujność może prowadzić do nadmiernego myślenia, ponieważ nasze umysły stają się zafiksowane na najgorszych scenariuszach.

Możemy zacząć wyobrażać sobie wszystkie rzeczy, które mogą pójść źle, zamiast skupiać się na tym, co możemy kontrolować.

Ten rodzaj myślenia może być wyczerpujący i może prowadzić do poczucia uwięzienia w naszych myślach. Aby przezwyciężyć nadmierne myślenie spowodowane lękiem i powodujące stres, ważne jest, aby nauczyć się zarządzać poziomem lęku. Jednym ze sposobów na to jest praktykowanie medytacji uważności, która może pomóc nam stać się bardziej świadomymi naszych myśli i uczuć.

Uważność może również pomóc nam nauczyć się akceptować nasze myśli bez osądzania, co może zmniejszyć siłę naszych negatywnych myśli.

Podsumowując, niepokój, a w konsekwencji stres, odgrywają znaczącą rolę w nadmiernym myśleniu. Ucząc się zarządzać poziomem lęku, możemy zmniejszyć jego negatywny wpływ na nasze uczucia i emocje.

Dzięki praktyce możemy nauczyć się przerywać cykl nadmiernego myślenia i prowadzić spokojniejsze i bardziej produktywne życie. Kluczem do zmiany negatywnych myśli jest zrozumienie sposobu, w jaki myślimy teraz (i problemów, które się z tym wiążą), a następnie zastosowanie strategii, aby zmienić te myśli lub uczynić je mniejszym obciążeniem.

Nasze myśli, emocje i zachowanie są ze sobą powiązane, więc nasze myśli wpływają na to, jak się czujemy i działamy.

Dlatego chociaż wszyscy od czasu do czasu mamy bezużyteczne myśli, ważne jest, aby wiedzieć, co zrobić, gdy się pojawią, aby nie zmieniły przebiegu naszego dnia.

Rozdział 3

Charakterystyka nadmiernego myślenia

W poprzednim rozdziale zidentyfikowaliśmy nadmierne myślenie i to, co może być jego przyczyną, dlatego jesteśmy gotowi zrozumieć, jak rozpoznać oznaki nadmiernego myślenia u danej osoby lub u nas samych.

Nadmierne zamartwianie się i stres mogą prowadzić do objawów, takich jak drażliwość, zmęczenie, trudności z koncentracją lub zapamiętywaniem oraz bezsenność. Fizycznymi objawami stresu i niepokoju są problemy trawienne i napięcie w ramionach i szyi Dlatego ważne jest, aby zidentyfikować typowe oznaki nadmiernego myślenia i podjąć kroki w celu ich powstrzymania.

3.1 Zaczynają odnosić swoje decyzje do swoich obaw

Nadmierne zastanawianie się nad decyzjami może uniemożliwić podjęcie działania. Kiedy jesteś przytłoczony wyborem, kiedy nie możesz zdecydować między A i B, często zadowalasz się C lub kończysz paraliżując się, zwlekając lub w ogóle nie podejmując decyzji. Spróbujmy podać praktyczny przykład tego, co może oznaczać podjęcie decyzji dla osoby, która za dużo myśli:

Dawno temu żyła sobie kobieta o imieniu Lara, która miała trudności z podejmowaniem decyzji. Była perfekcjonistką i zawsze martwiła się, że dokona złego wyboru.

Niezależnie od tego, czy chodziło o to, w co się ubrać, na co spojrzeć, czy gdzie zjeść, spędził godziny, jeśli nie dni, rozważając wszystkie za i przeciw każdej opcji, zanim w końcu dokonał wyboru.

Ta tendencja do nadmiernego myślenia stała się dla Lary prawdziwym problemem.

Jej paraliż decyzyjny wykluczał wiele możliwości: nie mogła zaangażować się w pracę zawodową, związek czy nawet zwykłe wyjście z przyjaciółmi, ponieważ nie mogła zdecydować, co robić.

Jej przyjaciele i rodzina byli sfrustrowani, ponieważ nigdy nie wiedzieli, czy pojawi się na imprezach lub czy zrealizuje swoje plany. Stała się niespokojna i przygnębiona, a jej relacje z przyjaciółmi i rodziną ucierpiały.

Pewnego dnia Lara musiała wybrać między dwiema ofertami pracy. Jedna z nich dotyczyła dużej firmy z wyższą pensją, ale dłuższymi godzinami pracy i większym stresem. Druga dotyczyła małego start-upu z niższą pensją, ale lepszą równowagą między życiem zawodowym a prywatnym.

Była tak sparaliżowana strachem przed dokonaniem złego wyboru, że ostatecznie nie zrobiła nic.

Historia Lary jest przykładem paraliżu decyzyjnego i tego, jak nasze decyzje mogą przerodzić się w strach i paraliż.

Paraliż decyzyjny to sytuacja, w której decyzja, niezależnie od tego, czy jest skomplikowana, czy prosta, przytłacza nas. Podjęcie decyzji może Cię zablokować, sprawić, że będziesz zbyt dużo myśleć lub odkładać wybór na później.

Istnieją 3 główne przyczyny, które prowadzą do paraliżu decyzyjnego:

- Podejmowanie decyzji w wysoce rozwiniętym świecie jest trudniejsze niż kiedykolwiek, ponieważ mamy tak wiele opcji do wyboru.

- Dokonywanie wyboru wiąże się z ryzykiem: ryzykiem rozczarowania, strachu lub żalu. A brak zdolności do regulowania emocjonalnego aspektu decyzji wpływa na naszą zdolność do wybierania między opcjami.

- Mózg ma trudności ze zrozumieniem ważnych, złożonych i abstrakcyjnych zadań. Termin ten oznacza funkcjonowanie wykonawcze. Chodzi o to, jak mózg radzi sobie z podejmowaniem decyzji, jak ustala priorytety tego, co jest ważne.

3.2 Osoby z tym zaburzeniem zwykle potrzebują aprobaty innych

Ludzie, którzy zbyt dużo myślą, mogą wkrótce stać się niepewnymi siebie osobami, aby podjąć decyzję lub nawet odnieść sukces w jakimkolwiek pożądanym działaniu potrzebują aprobaty innych ludzi. Bardzo łatwo jest przysporzyć sobie zmartwień; wystarczy pomyśleć za każdym razem, gdy zadajesz sobie pytania o to, co inni ludzie mogą o tobie pomyśleć; w tym przypadku prawie na pewno wywołujesz niepokój w swoim umyśle, który spowoduje stres i niepewność. Osoby, które nie odpowiadają szybko na wiadomości e-mail, niekoniecznie oznaczają, że nas unikają. Należy wziąć pod uwagę możliwość, że dana osoba nie miała jeszcze okazji przeczytać wiadomości e-mail lub jest zajęta innymi projektami.

Jedyną rzeczą gorszą od martwienia się o czyjąś prawdziwą opinię jest obsesja na punkcie opinii, która prawdopodobnie nie istnieje.

Często szukamy potwierdzenia u innych, ponieważ uważamy, że nie radzimy sobie z odrzuceniem lub niedocenieniem. Jeśli masz skłonność do poczucia winy, gdy ludzie nie akceptują twoich wyborów, być może musisz obniżyć poziom samokrytyki i zwiększyć współczucie dla siebie.

Na przykład, jeśli twój szef jest niezadowolony z decyzji, którą podjąłeś lub zadania, które wykonałeś, pamiętaj, że każdy może popełniać błędy, a tekże mieć inne sposoby wykonywania zadań niż inni ludzie. Nie da się zadowolić wszystkich, jednak poczucie własnej wartości nie powinno od tego zależeć.

Podsumowując: to, że ktoś inny coś o tobie myśli, nie oznacza, że jest to fakt.

Nie tylko ci, którzy wyrażają swoją aprobatę, mają nad tobą władzę, ale ty sam kopiesz sobie drogę do niepewności.

Ten czas i pracę można poświęcić gdzie indziej, na bardziej trwały wysiłek: budowanie poczucia własnej wartości od wewnątrz, a nie od zewnątrz i wzmacnianie autentycznego "ja", które będzie ci służyć znacznie lepiej niż zastępcze poczucie "ja".

Potrzeba potwierdzenia i wsparcia od czasu do czasu jest normalna i zdrowa... Wszyscy mamy chwile, kiedy kwestionujemy samych siebie i potrzeba odwagi, aby poprosić o wsparcie, kiedy go potrzebujemy. Ciągłe poszukiwanie wsparcia nie jest zdrowe. Kiedy staje się rutynowym mechanizmem lęku, może prowadzić do samonakręcającego się cyklu, z którego trudno się wydostać.

3.3 Ludzie, którzy za dużo myślą, są podatni na pesymizm

Jak opisaliśmy wcześniej, pesymizm jest jedną z głównych konsekwencji zbyt intensywnego myślenia.

Nadmierne myślenie, jak pokazaliśmy w relacji matki na początku, ma tendencję do katastrofizowania wielu wydarzeń, podporządkowując się własnemu myślącemu umysłowi.

Oprócz nadwyrężenia zdrowia psychicznego, może ucierpieć również zdrowie fizyczne.

Posiadanie realistycznych oczekiwań, zamiast przyjmowania skrajnie pozytywnych lub negatywnych postaw, może być receptą na dobre zdrowie i szczęście. Nie jest zaskakujące więc, że niski poziom pesymizmu, a nie duży optymizm, jest w rzeczywistości związany z lepszym zdrowiem.

Innymi słowy, pesymizm może być czynnikiem ryzyka chorób serca i innych chorób fizycznych i psychicznych, ale optymizm niekoniecznie zapobiegnie zachorowaniu. Zamiast nieustannie dążyć do jasnego uśmiechu i radosnego usposobienia lub poddawać się ogólnej negatywnej perspektywie, celem powinien być umiarkowany optymizm z codzienną dawką pesymizmu.

3.4 Tworzą w swoich umysłach fikcyjne sytuacje

Ale jak powiedzieliśmy wcześniej, ci, którzy myślą zbyt często, kierują swoje myśli negatywnie i katastrofizują sytuacje.

Katastrofizowanie ma miejsce, gdy umysł zniekształca informacje w wyimaginowany scenariusz wszystkiego, co może pójść źle. Jest to rodzaj zniekształcenia poznawczego.

Katastrofizowanie może być przytłaczające i osobie może być trudno zdać sobie sprawę, że z takiego sposobu myślenia, chyba że jest świadoma problemu.

Wszyscy błądzimy w naszych wyobrażeniach i nie zawsze jest to dobra rzecz, ale może być spowodowana negatywnymi wydarzeniami, przez które przeszliśmy, których nie możemy przezwyciężyć lub z powodu problemów ze zdrowiem psychicznym, takich jak lęk lub długotrwały smutek.

Scenariusze te mogą dotyczyć wszystkiego, ale najczęściej dotyczą nierealistycznego otoczenia, a nie prawdziwego wspomnienia, dlatego nazywa się je fałszywymi scenariuszami.

W takich sytuacjach nie myślimy o pozytywnych reakcjach zaangażowanych osób, ale zaczynamy tworzyć scenariusze oparte wyłącznie na rzeczach, które mogą pójść źle, więc wynikające z tego myśli mogą stać się dość chaotyczne i wyczerpujące.

To normalne, że umysł od czasu do czasu ucieka w poszukiwaniu wrażeń.

Ale jeśli wyobrażasz sobie negatywne rzeczy, może to powodować wiele zmartwień i szkodzić twojemu zdrowiu psychicznemu; jest wiele osób, które mają tendencję do wymyślania nieprawdziwych i negatywnych scenariuszy.

Ponownie, to naturalne, że od czasu do czasu mamy myśli i martwimy się, jednak gdy utrudnia nam to życie, wymyślanie tych złych sytuacji w naszej głowie staje się problemem.

Jakość twojego życia pogarsza się, ponieważ myślisz i działasz ze strachu.

Ten sposób myślenia nazywany jest myśleniem katastroficznym i może być spowodowany problemami ze zdrowiem psychicznym. Z powodu problemów lub chorób psychicznych dana osoba może wymyślać fałszywe scenariusze.

Myślenie katastroficzne nie jest jednak oficjalnym stanem medycznym. Zamiast tego jest oznaką wielu różnych chorób, takich jak stany lękowe, smutek i zespół stresu pourazowego.

3.5 Uważają, że reszta świata jest na nich zła

Ludzie, którzy dużo myślą, zawsze mają wrażenie, że ludzie są do nich źle nastawieni.

Zamiast próbować zarządzać emocjami wszystkich, warto przypomnieć sobie, jakie są nasze obowiązki, a jakie nie.

Jesteś odpowiedzialny za zarządzanie własnym niepokojem, podczas gdy inni ludzie są odpowiedzialni za zarządzanie swoim, wyrażanie swoich myśli i komunikowanie, jeśli są zdenerwowani.

Kiedy się martwimy, pojawiają się automatyczne myśli. Niektóre z nich mogą być realistyczne, inne zniekształcają rzeczywistość.

Nasze umysły przekonują nas, że wiemy na pewno, co dzieje się w czyimś umyśle. Na przykład, przyjaciel robi określony wyraz twarzy i jesteśmy przekonani, że ta osoba jest na nas zła.

Im więcej czytasz w myślach i wierzysz w to, co myślisz, tym bardziej twój mózg angażuje się w takie przewidywanie. Twój mózg zakłada, że uważasz to za przydatne, więc rób to dalej.

W takim sposobie myślenia nieustannie martwisz się o to, jak jesteś postrzegany, a to wpływa na sposób, w jaki zachowujesz się oraz sposób, w jaki postrzegasz siebie. Pamiętaj, że jest prawdopodobne, że oni nie mówią ani nawet nie myślą o tobie, ale twój umysł może płatać ci figle i przekonywać cię, że tak jest.

Ze wszystkich powodów wymienionych powyżej, nie ma sensu myśleć, że inni ludzie są na nas źli, ponieważ w większości przypadków jest to tylko nasza wyobraźnia.

3.6 Są bardziej emocjonalni.

Istnieje kilka zniekształceń poznawczych, które mogą wpływać na nasze myślenie. Jednym z nich jest szczególnie powszechne "rozumowanie emocjonalne". W tej sytuacji osoba zakłada, że ponieważ coś czuje, to musi to być prawdą.

Do pewnego stopnia wszyscy od czasu do czasu tego doświadczamy. Na przykład, jest to część naszej skłonności do wierzenia w rzeczy, które wspierają nasze osobiste uprzedzenia, często bez konkretnych dowodów.

Rozumowanie emocjonalne sięga jednak głębiej i może prowadzić do wielu problemów. Przyjrzymy się temu przez pryzmat terapii poznawczo-behawioralnej.

Ten rodzaj rozumowania zakłada, że ponieważ doświadczasz negatywnych emocji, muszą one dokładnie odzwierciedlać rzeczywistość; jest to sposób na samosądzenie siebie poprzez kierowanie się wyłącznie emocjami.

Rozumowanie emocjonalne to stan, w którym jesteś pod tak silnym wpływem swoich emocji oraz zakładasz, że wskazują one na obiektywną prawdę. Wszystko, co czujesz, jest prawdą, bez żadnych warunków i bez potrzeby wspierania jej faktami i dowodami. Jest to często związane z negatywnymi emocjami i stanami psychicznymi. Na przykład nastolatek, który czuje się głupi i brzydki, musi być w rzeczywistości nieinteligentny i nieatrakcyjny.

W takich sytuacjach emocje mogą wziąć górę nad uczuciami, zachowaniem i logiką. Rozumowanie emocjonalne może wynikać z wielu różnych sytuacji, ale większość z nich jest traumatyczna lub wiąże się z jakimś rodzajem zagrożenia (rzeczywistym lub postrzeganym).

Na przykład, Lara jest 20-letnią dziewczyną i pewnego wieczoru wraca z pracy do domu, gdy rozpętuje się gwałtowna burza.

Zanim udaje jej się znaleźć bezpieczne miejsce do schronienia, Lara wpada w kałużę i ma wypadek. Chociaż fizycznie nic jej się nie stało, a uszkodzenia samochodu są niewielkie, Lara od tamtej pory zawsze odmawiała jazdy w deszczu, wierząc, że będzie miała kolejny wypadek.

Jeśli na przykład czujesz się winny, rozumowanie emocjonalne doprowadziłoby cię do wniosku, że jesteś złym człowiekiem.

Badania wykazały, że to zniekształcenie jest powszechne u osób cierpiących na stany lękowe i depresję, ale fakty pokazują, że jest to bardzo powszechny sposób myślenia, który przyjmuje wiele osób.

Aby rozpoznać oznaki emocjonalnego rozumowania i poradzić sobie z nim, można skorzystać z różnych rodzajów terapii.

To, że się boimy, nie oznacza, że istnieje realne zagrożenie.

Często nasze umysły szukają i tworzą sytuacje, które odpowiadają naszemu wewnętrznemu doświadczeniu. Oznacza to, że tworzymy problemy, które w rzeczywistości nie istnieją.

Rozumowanie emocjonalne jest często powiązane z zespołem lęku napadowego.

Ludzie, którzy zmagają się z emocjonalnym rozumowaniem, często angażują się w negatywny dialog wewnętrzny, który intensyfikuje ich emocje, prowadząc do pełnego ataku paniki.

3.7 Mają tendencję do nadmiernego martwienia się o ludzi wokół siebie.

Innym bardzo ważnym zniekształceniem poznawczym, które charakteryzuje osobę dużo myślącą, jest skupianie się wyłącznie na myślach i reakcjach innych, przywiązując niewielką wagę do tego, co sami myślą lub co czują, ale raczej patrząc na to, jak inni radzą sobie z sytuacjami.

Kiedy znajdujemy się w stanie nadmiernego myślenia, analizujemy wszystkie problemy i wszystkie scenariusze, a w konsekwencji także możliwe opcje i wnioski, które można podjąć, a także myślimy o tym, jak inni ludzie wokół nas, którzy są zaangażowani, mogą zareagować. Jak powiedzieliśmy wcześniej, osoba nadmiernie myśląca przywiązuje znacznie większą wagę do tego, co mogą myśleć inni, niż do tego, co myśli ona sama. Powoduje to, że uczucia ludzi wokół nas mają najwyższy priorytet, minimalizując nasze własne uczucia.

Bardzo często zdarza się, że osoba nadmiernie myśląca odkłada na bok swoje własne problemy, aby rozwiązywać problemy innych ludzi, dodając w ten sposób dalsze obciążenia do własnych myśli i umieszczając problemy innych na liście priorytetów, zamiast próbować rozwiązać własne.

3.8 Mają skłonność do przekształcania swojego stanu w uzależnienie

Ludzie, którzy nadmiernie rozmyślają, często popadają w zadumę.

Rozmyślamy nad wydarzeniami, które już minęły. Reakcja na zdarzenie często wywołuje wspomnienia podobnych sytuacji z przeszłości i bezproduktywne skupienie się na przepaści między prawdziwym a idealnym sobą. Pod wpływem takich sytuacji zaczynamy zarzucać sobie, że nie postąpiliśmy inaczej.

Taka zaduma obejmuje powtarzające się myśli lub rozpamiętywanie negatywnych uczuć i niepokoju oraz ich przyczyn i konsekwencji. Powtarzający się i negatywny aspekt rozmyślania może przyczynić się do rozwoju depresji lub lęku i może pogorszyć istniejącą sytuację.

Kiedy osoba cierpiąca na depresję rozmyśla, jest bardziej prawdopodobne, że przypominają sobie negatywne rzeczy, które przydarzyły się w przeszłości, interpretuje sytuacje w swoim obecnym życiu w negatywny sposób i nie ma nadziei na przyszłość.

Zamartwianie się problemami utrudnia również działaniu pozwalającym skoncentrować się na ich rozwiązywaniu. Nawet u osób bez depresji lub stanów lękowych, rozmyślanie może przyczynić się do negatywnych emocji.

Może to stać się cyklem, w którym im więcej osoba rozmyśla, tym gorzej się czuje, co przyczynia się do dalszego rozmyślania i tworzy uzależnienie od tych myśli, nie mogąc się bez nich obejść.

Ponieważ napisaliśmy tę książkę, aby pomóc ci uniknąć nadmiernego myślenia, przejdźmy do wskazania, jakie są konsekwencje nadmiernego myślenia, abyś mógł zastanowić się nad swoją obecną sytuacją i ewentualnie zdiagnozować nadmierne myślenie.

Po zidentyfikowaniu problemu, dostarczymy ci również kilku wskazówek, jak go pokonać.

3.9 Jakie są konsekwencje nadmiernego myślenia?

Skąd mam wiedzieć, czy mam nadmierne myśli?

Krok po kroku przeanalizowaliśmy problem nadmiernego myślenia. Zaczęliśmy od zrozumienia, czym jest myślenie, skąd się bierze, jakie są rodzaje myśli i jakie są jego główne cechy.

Spróbujmy teraz zrozumieć, jakie są główne oznaki, które mogą identyfikować nas jako osoby nadmiernie myślące.

Prawda jest taka, że od czasu do czasu każdy z nas myśli zbyt wiele.

Oczywiste jest jednak, że nadmierne myślenie może powodować pogorszenie zdrowia psychicznego. A potem, gdy zdrowie psychiczne pogarsza się, nadmierne myślenie staje się coraz bardziej kuszące. To jak błędne koło.

Trudno jest jednak rozpoznać, kiedy znajdujemy się w samym środku burzy. Łatwo jest przekonać samego siebie, że rozmyślanie i zamartwianie się jest w jakiś sposób pożyteczne. W końcu jak można znaleźć lepsze rozwiązanie bez myślenia o nim? Musisz ciągle myśleć o tym błędzie, aby powstrzymać się przed jego powtórzeniem, prawda? Istnieje kilka znaków ostrzegawczych świadczących o tym, że za dużo myślisz:

- Nie mogę przestać się martwić.

- Często martwię się rzeczami, nad którymi nie mam kontroli.

- Ciągle przypominam sobie o błędach.

- Wciąż na nowo przeżywam w myślach żenujące momenty.

- Mózg nigdy się nie wyłącza.

- Kiedy przypominam sobie rozmowy z ludźmi, nie mogę przestać myśleć o wszystkich rzeczach, które chciałbym powiedzieć lub których nie powiedziałem.

- Spędzam dużo wolnego czasu zastanawiając się nad ukrytym znaczeniem rzeczy, które ludzie mówią lub wydarzeń, które mają miejsce.

- Często zastanawiam się nad wyborami dokonanymi lub zdaniami wypowiedzianymi przez bliskie mi osoby, które nie odpowiadają temu, co ja bym zrobił lub powiedział.

- Spędzam tak dużo czasu rozpamiętując przeszłe wydarzenia lub martwiąc się o przyszłość, że często umyka mi to, co dzieje się w teraźniejszości.

Twój umysł się nie zatrzymuje

Czy twój mózg nigdy się nie wyłącza? Czy z powodu nadmiernego myślenia i zamartwiania się trudno ci się zrelaksować?

Czy kiedykolwiek leżałeś w łóżku zastanawiając się "Dlaczego nie mogę zasnąć?" Nie jesteś sam.

Zajęty lub rozgorączkowany umysł może przytrafić się każdemu z różnych przyczyn.

Znajomość powodów, dla których nie można wyłączyć umysłu, może pomóc w określeniu najlepszych sposobów na jego uspokojenie.

Stres jest jednym z "typowych podejrzanych", gdy nie możesz przestać myśleć.

Stres powoduje, że organizm uwalnia kortyzol, a kortyzol pomaga zachować czujność. Oznacza to, że mózg również pozostaje czujny, nawet gdy tego nie chcemy.

Kortyzol może również powodować fizyczne objawy niepokoju, które mogą uniemożliwiać relaks lub sen.

Kiedy twój umysł pędzi, może się okazać, że w kółko powtarzasz te same myśli, ale nigdy nie zbliżasz się do "rozwiązania" problemu lub zmartwienia.

Czasami możesz mieć wrażenie, że twój mózg został przejęty. Nawet jeśli zdajesz sobie sprawę, że myślisz za dużo, zdajesz sobie sprawę, że nie jest to produktywne i próbujesz odgonić myśli, ale one po prostu nie przestają.

To tak, jakby myśli żyły własnym życiem.

Czy cierpisz na bezsenność?

Czasami nasze zmartwienia mogą mieć realny wpływ. Nie możemy spać, za dużo myślimy o każdej drobnostce.

Często osoby żyjące ze stresem, lękiem, depresją i bezsennością mówią, że niechciane natrętne myśli utrudniają im zasypianie bardziej niż jakikolwiek rodzaj dyskomfortu lub bólu fizycznego.

Bezsenność i nadmierne myślenie często idą w parze.

Dlatego też osoby cierpiące na bezsenność często starają się wykluczyć myśli, które uniemożliwiają im zaśnięcie, co może wydawać się rozsądne, ale na dłuższą metę przynosi więcej szkody niż pożytku.

Wdrażając lepsze sposoby radzenia sobie z natrętnymi myślami, czas między pójściem spać a zaśnięciem nie musi być tak trudny.

Może się również okazać, że łatwiej będzie ci ponownie zasnąć, jeśli twój sen nie będzie przerywany przez natrętne, gorączkowe myśli.

Istnieje wiele strategii, które zostały zbadane w celu radzenia sobie z tymi natrętnymi myślami w kontekście bezsenności.

Istotą tych strategii jest to, że pozwalają one osobie zastąpić myśli, które mogą utrzymywać ją w stanie czuwania (myśli pobudzające), myślami niepobudzającymi. Powinny one:

- skrócić czas potrzebny do zaśnięcia (czas rozpoczęcia snu)

- pomagać przestać myśleć za dużo

- polepszyć jakość snu.

Sytuacji nie da się łatwo zapomnieć

Dla niektórych wspomnienia zanikają wraz z upływem czasu, ale nie dla wszystkich; osoby cierpiące na stany lękowe mają tendencję do wchodzenia w pętlę, która sprawia, że nieustannie przeżywają przeszłość lub konkretne momenty w swoim życiu. Kiedy tak się dzieje, osoby te odczuwają silny niepokój i dyskomfort.

Podczas gdy wspomnienia krótkotrwałe, jak sama nazwa wskazuje, są krótkotrwałe, niektóre z nich są przekazywane do pamięci długotrwałej. Obrazy i dźwięki mogą skłonić mózg do przywołania pamięci długotrwałej, nawet jeśli wolelibyśmy jej nie pamiętać.

Podczas gdy mamy tendencję do zapominania błahych informacji, nasze mózgi są bardziej skłonne do ich przechowywania.

Ze względu na zaangażowanie określonego obszaru mózgu, wspomnienia emocjonalne są trudne do zapomnienia. Dzięki części naszego mózgu, ciału migdałowatemu, nasze myśli są ponownie przetwarzane i kodowane, a tym samym bardziej zapadają w pamięć.

Wspomnienia pamiętamy bardziej, gdy towarzyszą im intensywne emocje. Badania sugerują, że im bardziej intensywne wspomnienie, tym bardziej żywe będzie wynikające z niego wspomnienie tego wydarzenia. Wspomnienia, które analizujemy, nie zawsze nam pomagają. Zapamiętanie uczucia strachu może pomóc poradzić sobie z konkretną sytuacją i uchronić nas przed niebezpieczeństwem, ale może stać się przeszkodą, gdy myśli te są ciągłe i nie pozwalają nam spokojnie żyć na co dzień. Ponieważ nie zawsze łatwo jest porzucić stare nawyki, przydatne może być, również dla naszego rozwoju osobistego, nauczenie się nowych metod radzenia sobie z nieprzyjemnymi wspomnieniami, czując się mniej przygniecionym ich ciężarem, gdy ponownie się pojawią.

Mózg zachowuje zawstydzające momenty

Według badań, jak właśnie wspomnieliśmy, wydarzenia, które wywołują silną reakcję emocjonalną, są lepiej zapamiętywane. Może to obejmować zarówno pozytywne, jak i negatywne emocje, ale mamy tendencję do zapamiętywania bardziej konkretnych szczegółów negatywnego wydarzenia.

To dlatego z łatwością przypominamy sobie momenty, w których czuliśmy się zawstydzeni lub odrzuceni. Należy pamiętać, że choć wspomnienie wydaje się bardzo żywe, może nie być dokładne.

Te same badania wykazały, że jeśli chodzi o negatywne wydarzenia, zwykle skupiamy się na najgorszych ich częściach, poświęcając im więcej uwagi niż to konieczne.

Oczywiście nie należy udawać, że coś się nie wydarzyło, jeśli miało to miejsce. Ale przypomienie sobie, że nasz mózg nasz mózg nie zawsze pokazuje zrównoważony obraz, może pomóc zmniejszyć nasze napady złości i niepokój. .

To normalne, że czujesz się zakłopotany lub zawstydzony, gdy przychodzi ci na myśl natrętne wspomnienie. Ważne jest jednak, aby nie pozwolić tym uczuciom uwięzić się w przeszłości.

Takie myśli mogą zakłócić twój dzień, a nawet sprawić, że będziesz unikać sytuacji lub osób, które przypominają ci o tym żenującym wydarzeniu.

Zakłopotanie jest często zakorzenione w strachu przed osądem. Możemy obawiać się, że inni źle o nas pomyślą, jeśli dowiedzą się o naszych błędach z przeszłości lub zawstydzających momentach. Może to prowadzić do próby stłumienia tych wspomnień, co może przynieść odwrotny skutek.

Próba niemyślenia o czymś może zwiększyć prawdopodobieństwo, że pamięć przywoła te wspomnienia. Zamiast próbować zapomnieć o krępującym wspomnieniu, bardziej pomocne może być zaakceptowanie go, a nawet śmianie się z niego; przypomnienie sobie wydarzenia z osobą, która jest nam bliska i o której wiemy, że nas nie osądzi, może pomóc dostrzec humor w sytuacji.

Pamiętaj, że każdy ma krępujące momenty i wszyscy popełniamy błędy. Zaakceptowanie tego może pomóc ci uwolnić się od zażenowania i iść dalej. Bez względu na podejście, ważne jest, aby pamiętać, że każdy doświadczył żenujących lub natrętnych wspomnień w pewnym momencie swojego życia. Nauka radzenia sobie ze wstydliwymi wspomnieniami i jest ważnym krokiem w dojrzewaniu i osiąganiu dobrego poziomu zdrowia psychicznego; nie powinniśmy czuć się zakłopotani, jeśli szukamy czyjejś pomocy, aby poradzić sobie z pewnymi wspomnieniami. Z czasem i cierpliwością możesz nauczyć się odpuszczać przeszłość i przejść do jaśniejszej przyszłości.

Zbyt wiele wątpliwości

Niski poziom samokrytyki z pewnością może być dobrym sposobem na zwiększenie naszej motywacji. Może inspirować do cięższej pracy i doskonalenia umiejętności, zwiększając pewność siebie. Jednak zbyt wiele wątpliwości i obaw może uniemożliwić ci danie z siebie wszystkiego, a tym samym osiągnięcie pełnego potencjału. Niepewność to brak wiary w siebie i swoje umiejętności. Jest to sposób myślenia, który powstrzymuje cię przed sukcesem. Pokora jest zdrową cechą charakteru, ale jeśli odbywa się kosztem ciebie, nie jest już korzystna. William Shakespeare powiedział kiedyś: "Nasze wątpliwości są zdrajcami i sprawiają, że tracimy dobro, które często możemy wygrać, bojąc się spróbować". Oznacza to, że wątpliwości sprawiają, że przestajemy próbować. Jest wiele rzeczy, które mogą sprawić, że dana osoba zwątpi w siebie.

Chociaż najbardziej przydatne jest nauczenie się, jak radzić sobie z wątpliwościami, pomocne może być zrozumienie, co je powoduje. Oto niektóre z typowych czynników, które prowadzą do niepewności. Rozpoznanie źródeł wątpliwości może pomóc nam przestać być dla siebie zbyt surowymi. Dla większości ludzi próba dokładnego określenia, dlaczego mają wątpliwości, jest mniej ważna niż ich przezwyciężenie. Jednym z głównych powodów, dla których wątpimy w siebie, jest strach przed porażką i rozczarowaniem innych. Nadmierne myślenie może posunąć się do myślenia, że to szczęście doprowadziło nas tak daleko, a nie nasze talenty.

Wątpliwości u osoby nadmiernie myślącej przejawiają się również w niezdecydowaniu lub trudnościach w podejmowaniu dużych i małych decyzji z powodu obawy, że cokolwiek wybierzesz, będzie złe.

Zacznijmy teraz przejmować kontrolę nad naszym życiem, ciesząc się chwilami i wyrzucając nadmierne myśli z naszych umysłów.

Dzięki tej części prawdopodobnie mogłeś sprawdzić, czy ty też jesteś nadmiernym myślicielem, czy byłeś nim, czy też czasami pojawiały się niektóre z tych objawów.

Cóż, nie bój się, teraz zobaczymy, jak raz na zawsze wyelimminować nadmierne myślenie z naszego życia, dzięki serii praktycznych ćwiczeń, które pomogą nam osiągnąć nasz cel: umysł pełen dobrych myśli.

Rozdział 4

Wyrwanie się z klatki nadmiernego myślenia

Wielu z nas uważa, że ignorowanie myśli jest najlepszym rozwiązaniem, ale jest to prawdopodobnie ostatnia metoda, którą powinniśmy wypróbować.

Ignorowanie oznacza, że zużywasz dużo energii, by odganiać od siebie negatywne myśli, więc w zasadzie myśli te wciąż są w twoim umyśle, nawet jeśli chcesz je ignorować.

Rozpoznanie swoich negatywnych myśli, a następnie praca nad nimi w celu ich przetworzenia jest bardziej skuteczna. Po rozpoznaniu, że doświadczasz zniekształceń poznawczych, możesz podjąć kroki, aby zmienić te sposoby myślenia.

Uzyskanie pomocy jest ważne, ponieważ te zniekształcone wzorce myślowe mogą poważnie pogorszyć zdrowie psychiczne i samopoczucie.

Od tego momentu przyjrzymy się różnym rozwiązaniom, które można zastosować w praktyce, aby móc zwalczać negatywne myśli, radzić sobie z lękiem i lepiej żyć.

Jak przestać myśleć za dużo?

Zamartwianie się i zadręczanie myślami jest nieodłącznym aspektem ludzkiej natury., która, jeśli wymknie się spod kontroli, może negatywnie wpłynąć na nasze zdrowie; może zwiększyć ryzyko zachorowania na niektóre choroby, zarówno psychiczne, jak i fizyczne.

Co więc ma zrobić osoba, która za dużo myśli? Spróbujmy przedstawić kilka pomysłów i sugestii, aby podjąć pierwsze kroki w kierunku lepszej kondycji.

4.1 Rozpoznawanie wzorców

Jeśli jesteś osobą nadmiernie rozmyślającą, z pewnością doskonale wiesz, jakie to uczucie. W twojej głowie ciągle pojawia się jakiś problem, na przykład zdrowotny lub dylemat w pracy, i nie możesz przestać go roztrząsać, desperacko próbując znaleźć sens lub rozwiązanie.

Myśli krążą w kółko, ale niestety rzadko pojawiają się rozwiązania.

Kiedy spędzamy zbyt dużo czasu na analizowaniu naszych problemów i dylematów, często kończymy bardziej zagubieni niż byliśmy na początku. Co więcej, uporczywe nadmierne myślenie może prowadzić do wielu objawów, takich jak bezsenność, trudności z koncentracją i utrata energii, co z kolei często prowadzi do dalszego martwienia się o swoje objawy, tworząc w ten sposób błędne koło nadmiernego myślenia. W niektórych przypadkach prowadzi to do przewlekłego lęku lub depresji.

Kiedy nadmierne myślenie i związane z nim objawy nasilają się i stają się nie do zniesienia, normalne jest, że szukamy sposobów na uspokojenie się. Wiele powszechnych strategii wydaje się rozsądnych lub przydatnych, ale badania pokazują, że mogą one nieumyślnie wyrządzić więcej szkody niż pożytku i generalnie prowadzić do jeszcze intensywniejszego myślenia.

Jednym z najczęściej powtarzających się działań negatywnych myśli jest rozmyślanie nad przeszłością i patrzenie zbyt daleko w przyszłość. To działanie blokuje cię w spirali nadmiernych, negatywnych myśli i może towarzyszyć lub nasilać lęk i inne zaburzenia. Rozproszenie uwagi, medytacja i inne sugestie mogą pomóc przerwać ten cykl.

Ruminacja jest powszechna w przypadku wielu schorzeń i ma ścisły związek z negatywnymi doświadczeniami z przeszłości.

Może się to wydawać pętlą, z której nie można się wydostać.

Co oznacza ruminacja?

Amerykańskie Towarzystwo Psychologiczne (APA) definiuje ruminację jako "obsesyjne myślenie obejmujące nadmierne i powtarzające się myśli lub tematy, które zakłócają inne formy aktywności umysłowej"; może to prowadzić do różnych problemów fizycznych i psychicznych.

Oprócz tego, że jest to objaw, ruminacja może wpływać na zdrowie:

- przedłużyć lub nasilić depresję

- upośledzić zdolność myślenia i przetwarzania emocji

- powodować lub nasilać niepokój, problemy ze snem i impulsywne zachowanie

- nasilać i podtrzymywać reakcje na stres, prowadząc do przewlekłego stresu

- zwiększyć ryzyko stanów zapalnych i problemów ze zdrowiem fizycznym spowodowanych stresem

- zwiększyć ryzyko zaburzeń związanych z używaniem substancji psychoaktywnych

Ruminacja się może stać się nawykiem lub sposobem na życie.

W 2005 r. APA wymieniło kilka typowych przyczyn ruminacji:

- przekonanie, że poprzez rozmyślanie uzyskasz informacje na temat swojego życia lub problemu

- historia urazów emocjonalnych lub fizycznych

- radzenie sobie z ciągłymi czynnikami stresowymi, których nie można kontrolować

Jeśli ruminujesz, możesz bardziej skłonny do:

- skupiania się na negatywnych wydarzeniach z przeszłości i obwiniać siebie.

- interpretowania bieżących wydarzeń w bardziej negatywny sposób

- poczucia beznadziei co do przyszłości

Ruminacja może być trudnym do przerwania cyklem, ale istnieją sposoby na powstrzymanie tych natrętnych myśli. Gdy takie myśli się pojawią, szybkie ich zatrzymanie może zapobiec ich nasileniu.

Oprócz rozpamiętywaniu przeszłości, często martwimy się również o przyszłość.

Jak widzieliśmy również w poprzednich rozdziałach, te dwa działania (rozpamiętywanie i myślenie o przyszłości) są często ze sobą powiązane i są wyraźnymi objawami umysłu, który myśli za dużo.

Martwienie się o przyszłość jest normalne i do pewnego stopnia zdrowe i pożyteczne, a także pozwala nam planować i przygotowywać się na to, co ma nadejść.

Dopiero gdy obawa zmieni się z "realistycznej i konstruktywnej" na "nienormalną lub niezdrową", konieczne może być podjęcie działań naprawczych.

Jeśli twoje obawy są przesadzone lub przechodzą "katastrofizm" - lub są całkowicie pozbawione perspektywy i mają wpływ na twoją zdolność do działania - może być to problematyczne.

Nie obawiaj się, istnieje kilka sposobów pracy, które mogą pomóc ci poradzić sobie ze zmartwieniami i zyskać lepszą perspektywę.

Badania sugerują, że odkładanie myśli na później może w rzeczywistości pogorszyć sytuację i spowodować coś, co nazywamy "efektem odbicia".

Im bardziej dana osoba stara się oprzeć niepokojącym myślom, tym bardziej te myśli się utrzymują.

Bardziej skutecznym podejściem jest zaakceptowanie niepokoju i niepokojących myśli - lub "pozwolenie im być" - a następnie praca nad znalezieniem rozwiązań dla swoich zmartwień.

Na przykład, jeśli martwisz się i stresujesz pewnymi rzeczami, przyznaj się do tych zmartwień i zaakceptuj, że są one prawdziwymi i powszechnymi problemami.

Sprawdź, czy sytuacje się powtarzają

Tendencja do powtarzania przeszłych działań obejmuje powtarzanie bolesnych sytuacji, które miały miejsce w przeszłości. Ponowne przeżywanie traumy i nieświadomym jej odtwarzaniem..

Trauma może obejmować każde doświadczenie, w którym czułeś się przytłoczony rozpaczą lub strachem. Możesz chcieć powrócić do tych chwil, nawet jeśli były one bolesne i szkodliwe dla twojego samopoczucia. Jednak przymus ten nie pomaga przezwyciężyć traumy i może pogorszyć sytuację.

Poznanie tendencji do powtarzania może pomóc w określeniu, jak ją przezwyciężyć.

Możesz nie być w pełni świadomy, że wykonujesz tę czynność, a zatem zrozumienie przyczyn i objawów jest z pewnością pomocne, abyś mógł przestać to robić (w przypadku, gdy faktycznie to robisz).

Gdy już wiesz, z czym masz do czynienia, możesz pracować nad wyleczeniem przymusu i rozpocząć zdrowsze życie.

Weźmy praktyczny przykład: odszedłeś z poprzedniej pracy, ponieważ była zbyt stresująca i wymagająca, a ty denerwowałeś się za każdym razem, gdy musiałeś oddać projekty.

Zdecydowałeś się więc rozpocząć działalność freelancera, w której sam zarządzasz swoim czasem pracy, a nie przełożony.

Jednak za każdym razem, gdy musisz zrealizować projekt, nawet teraz, gdy jesteś samozatrudniony, wszystkie te lęki i obawy, których doświadczyłeś w przeszłości, powracają i ponownie przeżywasz traumę, jakby nic się nie zmieniło.

4.2 Identyfikacja przyczyny dyskomfortu

Oprócz rozpoznania tego, co możesz kontrolować, a czego nie, zrozum, że nasza potrzeba kontroli jest zakorzeniona w naszej niezdolności do radzenia sobie z dyskomfortem. Jeśli nadmiernie zastanawiamy się nad czymś, to dlatego, że próbujemy znaleźć odpowiedzi, aby poczuć się lepiej. Niepewność jest największym wrogiem ludzkiego mózgu, a niepokój prawie zawsze pojawia się w sytuacjach, w których nie znamy wyniku.

Nasi przodkowie wymagali pewności, aby przetrwać, dlatego niepewność niosła ze sobą niepokój. Niepokój, związany z niepewnością, jest reakcją mającą na celu popchnięcie nas do znalezienia rozwiązań. Nie oznacza to jednak, że takie poszukiwanie jest zawsze słuszne.

Jak wspomniano wcześniej, odpowiedzi te nie zawsze zostaną znalezione, więc albo nadal będziemy myśleć, jakbyśmy byli chomikami w kołowrotku, albo nauczymy się odpoczywać w dyskomforcie.

Jeśli pogodzimy się z faktem, że nie znamy odpowiedzi, nie będziemy odczuwać potrzeby nieustannego ich poszukiwania. W tym przypadku jedynym sposobem na prawdziwe złagodzenie naszego niepokoju jest bycie w stanie go znieść.

Zaakceptowanie naszego niepokoju jest łatwiejsze do wypowiedzenia niż do zastosowania, ale samoregulacja jest czymś, co można rozwijać.

Uważność, medytacja i praktyki oddechowe to doskonałe sposoby na rozwijanie samoregulacji. Zdolność do uspokojenia układu nerwowego w czasach stresu jest cennym narzędziem.

Musisz opracować narzędzia, które pomogą ci radzić sobie z lękiem, gdy się pojawi, bez zbytniego myślenia, jak złagodzić dyskomfort.

Akceptacja dyskomfortu nie jest łatwą rzeczą, ale jest konieczna, jeśli chcesz doświadczyć rozwoju osobistego. Po pierwsze, konieczne jest, aby rozpoznać, co sprawia, że czujesz się niekomfortowo i zrozumieć, jak niewygodne sytuacje sprawiają, że czujesz się niekomfortowo; pozwoli ci to rozpoznać, jakich rodzajów sytuacji szukać. Aby się rozwijać, absolutnie ważne jest, aby móc skupić się na wszystkich czynnikach wywołujących dyskomfort i radzić sobie z nimi bez zwlekania. Dyskomfort często służy jako sygnał do zaprzestania wykonywania jakiejkolwiek czynności. Kiedy odczuwasz ból fizyczny, przestań ćwiczyć. Kiedy doświadczasz bólu emocjonalnego, wycofujesz się z tego doświadczenia. Dyskomfort jest często złym znakiem dla rozwoju osobistego.

4.3 Określenie naszych obowiązków

To, co musimy sobie uświadomić, to fakt, że wiele decyzji, które podjęliśmy, a które mogły popchnąć nas do punktu nadmiernego myślenia, zostało podjętych przez nas samych.

Najprawdopodobniej nie jest łatwo poprawić nasze zdrowie psychiczne i w niektórych przypadkach może być wskazana zewnętrzna interwencja profesjonalisty, ale chęć zmiany tego stanu musi zawsze zaczynać się od nas samych.

Jeśli środowisko pracy, w którym pracujesz lub praca, którą wykonujesz, jest główną przyczyną stresu, powinieneś ją zmienić.

Aby to zrobić, musisz wziąć sytuację w swoje ręce i zrezygnować. Ten przykład jest również ważny, jeśli znajdujemy się w toksycznym związku lub przyjaźni, która nie sprawia, że czujesz się dobrze.

Jeśli jednak nie podejmiesz żadnych działań, jeśli inicjatywa nie wyjdzie od ciebie, będzie to twoja wina, że spędzasz większość czasu w biurze, wracasz do domu przygnębiony i ciągle myślisz o pracy.

Istnieje kilka czynników zewnętrznych, które w istotny sposób wpływają na nasze decyzje, ale ostatecznie to my jesteśmy odpowiedzialni za radzenie sobie z naszym niepokojem.

4.4 Zebranie informacji uzyskanych w poprzednich punktach.

Uporczywe nadmierne myślenie w formie martwienia się i rozmyślania może powodować wiele różnych objawów, takich jak bezsenność, trudności w koncentracji i utrata energii, co z kolei często prowadzi do dalszego martwienia się o swoje objawy, tworząc w ten sposób błędne koło nadmiernego myślenia; wszystko to oczywiście tylko zwiększa stres, depresję i niepokój. Powszechne strategie kontrolowania niepokoju i zmartwień, takie jak monitorowanie zagrożeń, szukanie odpowiedzi i zapewnień oraz nadmierne planowanie, są bezużyteczne i przynoszą odwrotny skutek. Często prowadzą one do zwiększonego poczucia zagrożenia, większego zmartwienia i podtrzymują przekonanie, że zmartwienie jest poza naszą kontrolą.

Wielu uważa nadmierne myślenie za wrodzoną cechę osobowości; coś, czego nie możemy zmienić. Jednak nadmierne myślenie, w sensie martwienia się i ruminacji, jest wyuczoną strategią, którą wybieramy, świadomie lub nieświadomie, próbując poradzić sobie z naszymi myślami i uczuciami.

Jest to w zasadzie nawyk, w który wpadamy, ale możemy nauczyć się go zmieniać. Nadmierne myślenie zaczyna się od "myśli wyzwalającej". To nie sama myśl wyzwalająca lub liczba myśli wyzwalających powoduje nieprzyjemne objawy.

Jest to czas, który spędzasz angażując się w te myśli, rozmyślając i martwiąc się. Chociaż myśli wyzwalające są całkowicie automatyczne, można nauczyć się je kontrolować.

Myśli są chwilowe i przeminą, jeśli nie poświęcimy im energii, więc pozostaje tylko kwestia podjęcia decyzji, co zrobić: zareagować czy pozwolić im rozwinąć się samodzielnie?

Jednym ze sposobów na zakwestionowanie przekonania, że nadmierne myślenie jest poza kontrolą, jest zbadanie, czy jesteś w stanie odłożyć zmartwienia i rozmyślania.

Wyznacz pół godziny dziennie o określonej porze, kiedy możesz swobodnie się martwić i rozmyślać. Gdy na początku dnia pojawią się myśli wyzwalające, należy je zignorować i odłożyć zajęcie się nimi do wyznaczonego czasu; unikanie sytuacji, które mogą sprowokować nadmierne myśli, przynosi efekt przeciwny do zamierzonego, trzeba tylko nauczyć się je odpuszczać i radzić sobie z nimi we właściwym czasie.

Przeprogramowanie sposobu, w jaki myślimy o sobie

Czy żyjesz życiem, którego zawsze pragnąłeś, czy po prostu godzisz się z losem? Czy osiągnąłeś swoje najwyższe aspiracje, czy czujesz, że utknąłeś i wiesz, że nie osiągnąłeś pełnego potencjału?

Możesz przeprogramować swój umysł, aby skupić się i wykazać determinacją niezbędną do zaprojektowania życia, które przyniesie ci spełnienie, radość i pasję, wolne od nadmiernych i daremnych myśli.

Prawie wszyscy ludzie wiedzą, czego mogą oczekiwać i na co zasługują od życia, ale kiedy życie odbiega od ścieżki, którą po cichu wyznaczyliśmy, często stajemy się sfrustrowani i zdenerwowani. "Dlaczego tak się dzieje?" - pytamy samych siebie. To niezadowolenie może być na tyle silne; aby pobudzić nas do zmiany.

Ale nasza podświadomość może również działać przeciwko nam. Tak wielu z nas obraca frustrację i zdenerwowanie przeciwko sobie, sabotując potencjalny sukces.

Zaczynamy myśleć, że zasługujemy na coś lepszego i możemy popracować trochę ciężej przez kilka dni. Ale zamiast podjąć działania i walczyć o trwałą zmianę, cofamy się: w naszej karierze, finansach, związkach, zdrowiu.

Co by było, gdybyś przejął kontrolę i nauczył się przeprogramowywać swój umysł? Co by było, gdybyś był w stanie przekierować swoją uwagę, aby uczynić swoje życie arcydziełem?

Twoja podświadomość jest kluczem do sukcesu i możesz ją przeprogramować. Nie będzie lepszego momentu na odzyskanie kontroli nad swoim umysłem. Jeśli masz jasność co do tego, na co zasługujesz i chcesz osiągnąć swoje cele, jedyną rzeczą, którą możesz zrobić, jest odpowiednie działanie. Nasze życie nie polega na "jeśli" i "ale" lub na tym, co chcemy lub powinniśmy zrobić, nasze życie to zestaw działań, które podejmujemy.

Potęga umysłu jest niezaprzeczalna. Kultywowanie tej całkowitej pewności - tej głębokiej pewności siebie - wymaga zrozumienia, jak wykorzystać programowanie podświadomego umysłu.

Podświadomość to część naszego umysłu, która podejmuje decyzje bez aktywnego myślenia o nich. Różni się on od umysłu świadomego, który obejmuje myśli, o których wiemy, że mamy je w danym momencie. Różni się również od umysłu nieświadomego, który zawiera przeszłe wydarzenia i doświadczenia, których w ogóle nie pamiętamy.

Nauka gry na instrumencie jest dobrym przykładem tego, jak działa podświadomość. Na początku musisz myśleć o tłumaczeniu partytury i poruszaniu palcami, aby zagrać każdą nutę, ale w miarę ćwiczeń odkrywasz, że możesz wziąć dowolną piosenkę i zagrać ją.

Podświadomość wykracza poza uczenie się nowych umiejętności. Jest zaangażowana w przetwarzanie informacji i wpływa na wszystko, co myślimy, mówimy i robimy. Przechowuje nasze przekonania i wartości, określa nasze wspomnienia i monitoruje otaczające nas informacje, decydując, co wysłać do świadomego umysłu, a co zachować na później.

Jak długo trwa przeprogramowanie podświadomości? Nie ma standardowych ram czasowych; może to potrwać miesiąc, kilka tygodni lub znacznie dłużej.

Odpowiedź będzie zależeć od tego, jak głęboko zakorzenione jest zachowanie, które chcesz zmienić, a także od twoich ograniczających przekonań.

Aby dowiedzieć się, jak przeprogramować swój umysł na sukces, musisz wykonać trzy kroki, które zmienią twoje nastawienie i skierują twoją uwagę we właściwym kierunku.

- DECYDUJ - Pierwszym krokiem, który musisz podjąć, jest uzyskanie absolutnej jasności co do tego, czego chcesz. Dowiedz się, jak przestać nadmiernie myśleć i skupić się na swoich celach. Jaki jest pożądany rezultat? Im więcej myśli w to włożysz, tym więcej szczegółów ujawnisz i tym silniejsza i potężniejsza stanie się twoja wizja. Tworzy to podświadomą mapę umysłu, dając mózgowi narzędzia potrzebne do przekształcenia tej wizji w rzeczywistość.

Chcesz przeprogramować swój podświadomy umysł? Rozważmy kłótnię ze swoim życiowym partnerem. Kiedy jesteśmy w gorącej wymianie zdań z ukochaną osobą, często tracimy z oczu samą niezgodę i skupiamy się na byciu wysłuchanym, na zdobyciu ostatniego słowa, na wygranej.

Przestajesz uważać na swój ton i być miłym dla partnera, a zaczynasz traktować go jak przeciwnika. To szybki sposób na eskalację kłótni i przekształcenie jej w coś znacznie gorszego.

Zamiast tego zatrzymaj się i zapytaj: "Dlaczego się kłócę?". Nie walczysz, aby wygrać; nie zgadzasz się z czymś i chcesz znaleźć rozwiązanie.

Kiedy jesteś rozproszony chęcią wygranej, tracisz z oczu prawdziwy problem. Gdy sobie o nim przypomnisz, możesz powrócić do jego rozwiązywania, skutecznie przeprogramowując swój mózg tak, by wykorzystywał swoje zasoby do osiągnięcia najlepszego wyniku w danym momencie.

Przeprogramowanie podświadomości zaczyna się od podjęcia decyzji o tym, czego chcesz - teraz i w przyszłości - a skupiając się na tym, nadajesz swojemu mózgowi kierunek.

Podejmij decyzję, że nie chcesz iść na ugodę i nie chcesz żyć w sposób, w jaki żyjesz teraz. Skieruj swoją uwagę na to, czego chcesz i zacznij przeprogramowywać swój mózg.

- ZOBOWIĄZANIE - Po podjęciu decyzji o tym, czego chcesz, następnym krokiem w przeprogramowaniu podświadomości jest zobowiązanie. Oczyść swój umysł ze strachu i wątpliwości. Jak to zrobić? Zobowiązując się i pozwalając się prowadzić.

Strach jest jedną z najtrudniejszych do pokonania blokad i często hamuje zdolność ludzi do podejmowania działań.

Wszyscy mamy obawy: strach przed odrzuceniem, strach przed porażką, sukcesem, bólem lub nieznanym.

Jeśli nic nie zrobisz, strach pozostanie tam, gdzie jest, blokując ci drogę. Nie będziesz się ruszać i zawsze będziesz żyć w strachu, a ten zawsze będzie obecny z tyłu twojego głowy, odciągając cię od twoich celów. Brak działania powoduje, że negatywne nastawienie ma czas na zatrucie myśli: "Dobrze, że nie spróbowałem. Nigdy by mi się nie udało".

Kiedy pozwolisz strachowi rozprzestrzenić się w twojej podświadomości, ta negatywność oparta na strachu przeniknie wszystko, co myślisz o sobie i wszystko, co robisz.

Jedynym sposobem na poradzenie sobie ze strachem jest przeprogramowanie umysłu i stawienie mu czoła.

Jeśli zrobisz coś i poniesiesz porażkę, będziesz wiedział, co nie działa i następnym razem będziesz w stanie zastosować bardziej świadome i przemyślane rozwiązanie.

Przeprogramowanie mózgu oznacza rozwianie negatywnych założeń, takich jak słynne "nie mogę".

Na początku będzie się to wydawać trudne, a może nawet męczące, ale jeśli zaczniesz od małego kroku i będziesz go robić codziennie, stopniowo staniesz się silniejszy. W krótkim czasie będzie to nawykiem nie wymagającym wysiłku.

Zobowiąż się wobec siebie. Zobowiąż się do przezwyciężenia negatywnego nastawienia i dążenia do lepszego życia. Kiedy zaangażujesz się całkowicie, z wyłączeniem wszystkich innych możliwości, wejdziesz na wyższy poziom i będziesz wymagać od siebie więcej, niż ktokolwiek inny mógłby się spodziewać. I to jest prawdziwa moc programowania podświadomości.

- REZOLUCJA - Gdy już zdecydujesz, którą ścieżką chcesz podążać i jesteś w pełni zaangażowany, podsumuj swoją sytuację. Rezolucja polega na znalezieniu rozwiązań dla wszystkiego, co może pojawić się na twojej drodze.

Kluczową częścią znalezienia rozwiązania jest skuteczne przeprogramowanie mózgu.

Widzenie tunelowe nakłada na ciebie ograniczenia: tracisz okazje i alternatywne ścieżki, które mogą prowadzić do niesamowitych korzyści. Pamiętaj, że nigdy nie masz stuprocentowej kontroli. Pomyśl o tym: czy twoje życie potoczyło się zgodnie z planem? Prawdopodobnie nie.

Ścieżka, którą podążasz, nigdy nie jest prosta. Dlatego tak ważne jest, aby pozostać elastycznym na tej drodze: uczyć się na błędach, przyjmować porażki i wykorzystywać negatywne nastawienie jako siłę napędową do zmian. Tak długo, jak robisz postępy, oznacza to, że jesteś na właściwej drodze.

Kiedy przeprogramujesz swój umysł tak, by skupiał się na rozwiązywaniu problemów, rozwiniesz umiejętność zmieniania swojego podejścia do nich w zależności od potrzeb.

Nie wszystkie przeszkody i okoliczności są sobie równe; prawdziwa moc pochodzi z wewnątrz, a przeprogramowanie mózgu warunkuje sukces.

Frustracja staje się darem, ponieważ oznacza, że jesteś na skraju przełomu. Porażka staje się lekcją, doradzającą, jak działać lepiej w przyszłości.

Każda napotkana przeszkoda staje się okazją do zorientowania się i znalezienia nowego kreatywnego rozwiązania. To jest moc twojego umysłu do rozwiązywania problemów.

Sposób, w jaki myślisz, zawsze będzie determinował twoją przyszłość. Tak więc, jeśli chcesz zmienić swoje życie i dokonać ulepszeń, musisz zmienić sposób myślenia. Istnieją setki ludzi na świecie, którzy są niezadowoleni ze swojego życia z powodu sposobu, w jaki myślą. Jeśli również odczuwasz to poczucie frustracji, spróbuj iść naprzód z tą książką.

Musimy odepchnąć i wyeliminować negatywne myśli, zwłaszcza te dotyczące naszej osobowości.

Aby przeprogramować nasze nawyki myślowe, musimy zacząć myśleć, że jesteśmy w stanie zrobić wszystko, czego pragniemy, aby nasze życie było lepsze i spełniało nasze oczekiwania.

4.5 Planowanie każdego dnia

Świetnym sposobem na zmianę sposobu myślenia jest uwierzenie, że naprawdę możesz to zrobić. Powiedz sobie, że wiesz, że jesteś zdolny i że możesz to zrobić. Wiara jest odskocznią do przyszłości. Więc jeśli próbujesz czegoś nowego, na przykład wystąpień publicznych, powiedz sobie, że to świetna zabawa i że na pewno dasz radę, ponieważ jesteś silny i zdolny oraz wierzysz, że możesz to zrobić. Istnieje 5 sposobów działania i myślenia, które powinieneś przyjąć, aby zmienić swoje myślenie i zaprojektować nowego siebie, ponieważ aby zaprojektować zmianę na lepsze, musimy ją najpierw zaplanować, określając, jakie są cele i jak je osiągnąć. Oto małe vademecum myśliciela, który chce się zmienić:

- Bądź ciekawy. Połącz się ze swoją wewnętrzną dziecięcą wyobraźnią. Ciekawość jest tym, co napędza cię do zadawania pytań, które doprowadzą do dostrzeżenia wszystkich możliwości.

- Próbuj różnych rzeczy. Jak wspomniano wcześniej, nie możesz myśleć o swojej drodze, musisz ją zbudować. Dlatego też musisz kultywować skłonność do działania. Pamiętaj o zasadzie: 80% działania, 20% myślenia.

- Przeformułuj problemy. Przeformułowanie jest zmianą perspektywy i pomaga w określeniu problemów, dzięki czemu można znaleźć właściwe rozwiązania. Zawsze zmieniaj swoje przekonania i problemy, aby zobaczyć je w innym świetle.

- Pamiętaj, że jest to proces. Będą dobre i złe pomysły; niektóre będą działać, a inne nie. Błędy są normalne. Przeszkody są naturalne. Projektowanie życia jest jak samo życie: to podróż pełna wzlotów i upadków. Skup się na procesie, wyciągaj z niego wnioski i rozwijaj się dzięki niemu.

- Poproś o pomoc. Zasadą myślenia projektowego jest radykalna współpraca. Zaangażuj ludzi i poproś o pomoc, gdy jej potrzebujesz, ponieważ nigdy nie jesteś sam.

Przydatne może być prowadzenie dziennika najbardziej skutecznych sposobów walki z nadmiernym myśleniem.

Jest to prosta, ale potężna technika, która pozwala zastanowić się nad swoimi myślami i emocjami oraz daje dobry przegląd sytuacji.

Jedną z zalet prowadzenia dziennika jest to, że pomaga on zidentyfikować wzorce myślowe i zachowania, które mogą przyczyniać się do nadmiernego myślenia.

4.6 Tworzenie pozytywnej mantry

Jednym z najlepszych sposobów na przezwyciężenie skutków nadmiernego myślenia jest zmiana sposobu myślenia.

Używając mantry o pozytywnym charakterze, przeniesiesz swoją uwagę na coś bardziej pozytywnego i przestaniesz się martwić.

Negatywne myśli są często wynikiem strachu lub poczucia niepewności, a zmieniając swoją mantrę na coś bardziej pozytywnego, będziesz w stanie przywrócić swój umysł na właściwe tory. Kiedy nie możesz ponownie znaleźć właściwej ścieżki, aby odwrócić uwagę umysłu, użyj mantry, którą lubisz najbardziej i sprawia, że czujesz się lepiej. Nawet taka jak "Wszystko będzie dobrze" może być skuteczna. Mantry mogą pomóc złagodzić uczucie stresu, strachu i depresji. Jeśli dręczą cię nadmierne myśli, używanie pozytywnych afirmacji, aby zatrzymać ten proces, jest świetnym sposobem na walkę z nawykiem. Pozytywne afirmacje można zapisywać w dzienniku lub wypowiadać na głos, aby wzmocnić pozytywne aspekty swojego życia. Ta praktyka może pomóc ci przezwyciężyć codzienne wyzwania i przybliżyć do tego, czego naprawdę chcesz. Pozytywne afirmacje są pomocne na wiele sposobów, w tym w poprawie pewności siebie i poczucia własnej wartości. Mogą również pomóc przezwyciężyć trudne doświadczenia z przeszłości. Używając afirmacji, aby rzucić wyzwanie negatywnym myślom, możesz pomóc sobie żyć pełniej w danej chwili. Możesz nawet użyć ich, aby pomóc sobie zasnąć. Często potrzeba kilku tygodni, aby poczuć się komfortowo.

Jeśli chcesz uprościć ten proces, spróbuj wizualizować pozytywne afirmacje. Wizualizując je, możesz wprowadzić się w spokojny, medytacyjny stan. Możesz zapisywać pozytywne afirmacje na karteczkach i umieszczać je w widocznych miejscach. Afirmacje można również czytać innym na głos. Myślenie jest niezdrowym nawykiem. Może mieć negatywny wpływ na umysł i samopoczucie i jest trudny do przełamania. Nadmierne myślenie jest nie tylko szkodliwe dla zdrowia psychicznego, ale ma również szkodliwy wpływ na twoje życie. Wdrażając pozytywne afirmacje, możesz prowadzić życie wolne od zmartwień i niepokoju. Spróbuj rozpoznać afirmację, która może ci się spodobać i zobacz, jaki wpływ będzie miała na twoje ciało. Możesz zdecydować się na powtarzanie swojej mantry, kiedy tylko chcesz lub kiedy masz czas, ale udowodniono, że jest ona najbardziej skuteczna rano, zaraz po wstaniu z łóżka. Spróbuj skupić się w swoim umyśle na mantrze i spróbuj użyć jej za każdym razem, gdy czujesz się przytłoczony przez negatywne myśli, aby powrócić do pozytywnego myślenia. Oto kilka mantr, które mogą się przydać, ale pamiętaj, że cokolwiek cię uspokaja, jest w porządku! Nie ma żadnych standardów.

Oto mantry:

- Puszczam wszystkie myśli związane z przeszłością, ponieważ nie mogę zmienić tego, co już się wydarzyło.

- Czuję spokój w moim umyśle.

- Patrzę na rzeczy w inny sposób.

Zmieniaj mantry co kilka dni.

Możesz tworzyć zachęcające mantry, aby trafić w ekskluzywne obszary lub możesz używać konkretnej przez dłuższy czas; ważne jest, aby pamiętać, że jeśli mantra nie ma już uspokajającego efektu, nie działa, nadszedł czas, aby ją zmienić. Gdy mantry staną się integralną częścią twojej egzystencji, będziesz naprawdę cieszyć się ich korzyściami. Odwołaj się do swoich mantr, aby przestać myśleć za bardzo, ponieważ jak już powiedzieliśmy, ludzie, którzy myślą za dużo, wpadają w pułapkę swoich myśli. Jeśli odwrócisz je za pomocą mantry, w końcu uwolnisz się od swojego dręczyciela.

4.7 Łączenie się z teraźniejszością

Co może być gorszego od martwienia się o przyszłość? Kiedy zaczynasz martwić się o to, że się martwisz!

Na szczęście świadomość lub bycie obecnym w danej chwili może pomóc przerwać ten cykl.

Praktykowanie medytacji uważności, nawet przez kilka minut, może ugruntować cię w chwilach niepewności, pomagając skupić się na "teraz", a nie na tym, co może się wydarzyć.

Uważność może dać nam pewien dystans między naszymi myślami i uczuciami a naszymi reakcjami na te myśli i uczucia. W ten sposób możemy nauczyć się obserwować nasze uczucia zmartwienia lub niepokoju bez osądzania. Życie chwilą obecną oznacza, że zwracamy uwagę na swoje obecne doświadczenia, zamiast pozwalać umysłowi uwikłać się w stresujące i niepokojące myśli. Badania pokazują, że uważność, która polega na byciu świadomym swojego otoczenia i ciała w teraźniejszości, może przynieść szereg korzyści.

Korzyści ze świadomości obejmują:

- poprawę relacje z innymi;

- zmiejszenie stresu;

- poprawę zdolności koncentracji;

- pomoc w radzeniu sobie z lękiem;

Co więcej, bycie obecnym może pomóc ci:

- delektować się przyjemnymi doświadczeniami;

- zwracać uwagę na ludzi, którzy są dla ciebie ważni;

- skoncentrować się na zadaniach lub obowiązkach;

- głęboko zagłębić się w czytanej książce czy oglądanym filmie;

- uspokoić gonitwę myśli lub nadmierne myślenie;

Twoje ciało towarzyszy ci w codziennej rutynie każdego dnia. Budzenie się rano, chodzenie do pracy i wypełnianie obowiązków mogą być zadaniami, które można wykonać na autopilocie.

Bycie obecnym nie polega na pojawieniu się w pracy na czas i przetrwaniu dnia; raczej na wiedzy o tym, gdzie w danym momencie znajduje się twój umysł. Wszyscy kierujemy nasze myśli w przyszłość lub czasami w przeszłość, jednak powinna to być krótka podróż. W każdym zadaniu, które wykonujesz, twój umysł musi być obecny. Znaczenie bycia obecnym polega na tym, że twoje ciało fizyczne i umysł są skupione na pracy. Znalezienie kogoś, kto pomoże ci zrozumieć moc "teraz", jest świetnym sposobem na zwiększenie swojej teraźniejszości. Życie w teraźniejszości oferuje wiele korzyści. Dlaczego ważne jest skupienie się na teraźniejszości? Ponieważ przyczynia się to do zwiększenia poziomu energii i motywacji do osiągania tego, czego chcemy. Skupienie się na teraźniejszości sprawia, że jesteś lepszym słuchaczem swoich przyjaciół i zwiększa twoją świadomość. Może prowadzić do większego szczęścia i pomóc docenić to, co cię otacza.

Kiedy praktykujesz tu i teraz, budujesz dobre nawyki dla swojego przyszłego dobrego samopoczucia. Stwierdzono również, że świadomość chwili obecnej zmniejsza stres i wahania nastroju, ponieważ masz większą kontrolę nad swoimi myślami. Oto kilka wskazówek, które pomogą ci być bardziej obecnym w codziennym życiu:

- skoncentruj się na oddychaniu;

- praktykuj medytację;

- ogranicz czas spędzany w mediach społecznościowych;

- pozostań w kontakcie ze swoim ciałem;

- spróbuj zaakceptować, że nie znasz wszystkich odpowiedzi;

- prowadź dziennik wdzięczności.

4.8 Unikanie wielozadaniowości

Większość z nas pracuje wielozadaniowo przez część lub większość czasu, chociaż trudno jest tego całkowicie uniknąć, dobrym pomysłem jest zastanowienie się nad tym, cały proces przebiega. Może ci się wydawać, że możesz prowadzić rozmowę podczas nauki lub aktualizowania arkusza Excel. Badania sugerują jednak, że wielozadaniowość utrudnia koncentrację, regulację emocji i zapamiętywanie ważnych informacji. W niektórych przypadkach wielozadaniowość jest w porządku, na przykład poranne dojazdy do pracy mogą być przyjemniejsze, jeśli słuchasz podcastu podczas jazdy. Warto jednak spróbować monotaskingu. Monotasking polega na skupieniu się na jednej czynności naraz; ten rodzaj działania może przynieść korzyści podczas nauki lub pracy, ponieważ nie przenosisz uwagi z jednej czynności na drugą, ale jesteś bardziej obecny i uważny na to, co robisz.

Według badania przeprowadzonego przez uniwersytet w Londynie, wysyłanie e-maili lub przeglądanie mediów społecznościowych podczas rozmowy telefonicznej obniża IQ danej osoby bardziej niż krótki sen, palenie marihuany lub oglądanie godzinami telewizji. Wielozadaniowość ma również ogromny wpływ na produktywność. Dzieje się tak dlatego, że kiedy wykonujemy wiele zadań, ciągle "przełączamy zadania", powodując "koszt przełączania", czyli czas potrzebny na dostosowanie się do nowego zadania. Według Amerykańskiego Stowarzyszenia Psychologicznego (APA), zmiana czynności w czasie może zmniejszyć produktywność nawet o 40 procent.

Chociaż koszty przełączania mogą być stosunkowo niewielkie, czasami tylko kilka dziesiątych sekundy na przełączenie, mogą sumować się do dużych wartości, gdy wielokrotnie przełączasz się z jednej czynności na drugą. Wielozadaniowość może wydawać się wydajna na pierwszy rzut oka, ale ostatecznie może trwać dłużej i prowadzić do większej liczby błędów.

4.9 Położenie kresu ograniczającym myślom

Jeśli chcemy zmienić programowanie naszego podświadomego umysłu, wszystkie części, o których mówiliśmy do tej pory, są ze sobą ściśle powiązane.

Kiedy więc mówimy o ograniczających myślach, mówimy o myślach, które mogą podważyć naszą pozytywność, a więc mówimy o negatywnych myślach.

Negatywne myśli mogą być przyczyną wielu znanych problemów zdrowotnych. Kluczem do zmiany negatywnych myśli jest zrozumienie, w jaki sposób myślisz teraz (i jakie problemy z tego wynikają), a następnie zastosowanie strategii zmiany tych myśli lub zmniejszenia ich znaczenia. Nasze myśli, emocje i zachowanie są ze sobą powiązane, więc nasze myśli wpływają na to, jak się czujemy i działamy. Dlatego też, chociaż wszyscy od czasu do czasu mamy nieprzydatne myśli, ważne jest, aby wiedzieć, co zrobić, gdy się pojawią, aby nie mogły zmienić przebiegu naszego dnia. W zmianie negatywnych myśli pomocna może okazać się terapia, ale można również nauczyć się zmieniać swoje wzorce myślowe na własną rękę. Niektóre ze sposobów na pozbycie się negatywnych myśli obejmują:

- Wykorzystanie technik uważności do budowania świadomości.

- Identyfikacja negatywnych myśli.

- Zastąpienie negatywnych myśli bardziej realistycznymi i pozytywnymi.

- Praktykowanie akceptacji zamiast unikania lub zaprzeczania negatywnym myślom.

- Nauka radzenia sobie z informacjami zwrotnymi i krytyką.

- Korzystanie z dziennika do zapisywania myśli.

Jeśli chcemy przeformułować myśli i przedstawić je w pozytywny sposób, mówimy o technice, która pozwala nam zauważyć negatywne aspekty sytuacji, a następnie spojrzeć na nie z innej perspektywy. Czy istnieje inny sposób wizualizacji problemu/sytuacji? Przykład: jesteś zmęczony pełnieniem roli profesora. Masz wiele poprawek do wykonania na pracach studentów, masz terminy egzaminów i wiele obowiązków edukacyjnych i jesteś naprawdę zmęczony wszystkim, do tego stopnia, że nawet nie wiesz, czy nadal lubisz swoją pracę, czy nie. A może by tak przekręcić kilka słów i zobaczyć, jak to brzmi? Zobaczmy, jak by to brzmiało, gdybyśmy przeczytali to w pozytywnym świetle:

W tej chwili są wymagające rzeczy do zrobienia i nie czuję się komfortowo, wykonując wszystkie te zadania i obowiązki. Więc w tym momencie zaczynam zadawać sobie pytanie, czy istnieją sposoby na delegowanie mniejszych zadań innej osobie lub zaczynam myśleć, czy są mniej czasochłonne rzeczy do zrobienia, aby nie zawieść oczekiwań. Przeformułowanie słów pomaga cofnąć się o krok, obserwować i sprawdzić, czy istnieje inny sposób patrzenia na rzeczy. Możesz zauważyć szybką zmianę w swoich uczuciach, zmieniając swoje myśli. Ostatecznie zauważysz również zmianę w swoim zachowaniu. Nadmierne myślenie jest produktem strachu i wkrótce zaczynamy zwracać uwagę na wszystkie negatywne rzeczy, które mogą się wydarzyć.

Jednak gdy nauczysz się dostrzegać, że myślisz za dużo, możesz przestać i nadal myśleć o wszystkich pozytywach. Poświęć jak najwięcej czasu na pozytywne myślenie; choć w rzeczywistości może się to wydawać toksyczną pozytywnością, jest to po prostu kwestia pozwolenia sobie na rozważenie innej opcji. Dzięki tej technice znajdziesz kompromis w odniesieniu do sytuacji, bardziej neutralny sposób patrzenia i przewidywania. Jeśli następnie chcesz dodać wzmocnienie do tego sposobu działania, możesz powtórzyć swoją mantrę, która, jest silną zachętą do dążenia i osiągania naszych celów. Istnieje wiele różnych rodzajów zniekształceń poznawczych, które przyczyniają się do negatywnego myślenia. Dowiedzenie się więcej o tych zniekształceniach i pamiętanie, że myśli nie są faktami, może pomóc zmniejszyć siłę tych negatywnych wzorców myślowych.

4.10 Nie rozmawiaj o przeszłości

Zastanawiasz się, czy rezygnacja ze wszystkiego, co nie sprawia, że czujesz się dobrze, jest właściwym rozwiązaniem? Albo jak przestać myśleć o działaniach, które już zostały wykonane? Pamiętaj, że nasza zdolność do pamiętania przeszłości jest ważna i nie chcemy jej stracić, ponieważ bez niej stracilibyśmy zdolność uczenia się i ciągle popełnialibyśmy te same błędy.

Przeszłość może budzić intensywne emocje, takie jak poczucie winy i żal. Emocje te mogą działać jak kompas, informując nas, kiedy odeszliśmy zbyt daleko od naszych wartości. Jednak nadmierne rozpamiętywanie przeszłości prowadzi do nieproduktywnego i schematycznego myślenia i przynosi efekt przeciwny do zamierzonego. Utkniemy wtedy w martwym punkcie, a nasze emocje przestają być kompasem i zaczną działać jak broń, której używamy przeciwko sobie. Może to stać się niezwykle intensywne i toksyczne; nad czym nie mamy kontroli. Łatwo jest uwierzyć, że myśli, które mamy, definiują to, kim jesteśmy; ale to nieprawda. Nasze myśli nie zawsze odzwierciedlają to, kim jesteśmy, a przynajmniej nie odzwierciedlają naszych wartości i nie muszą nas definiować. Nie mamy kontroli nad myślami, które pojawiają się w naszym mózgu. I nie jesteśmy całkowicie odpowiedzialni za tworzenie negatywnych, dziwacznych lub szalonych myśli. A wszystkie te "śmieci", które się pojawiają, są całkowicie normalne. Jedno z badań wykazało, że gdy ludzie próbują pozbyć się pewnych myśli o przyszłości lub przeszłości, myśli te powracają częściej. Mantry takie jak "przestań o tym myśleć" lub "myśl tylko o czymś pozytywnym" nie działają; tylko pogarszają nasz nastrój. Naukowcy postawili hipotezę, że próbując kontrolować myśli, w rzeczywistości je wzmacniamy. Sprawiamy, że stają się silniejsze i częstsze. Dlatego pierwszym krokiem do tego, by nie myśleć zbyt wiele o przeszłości, jest zaprzestanie prób ich powstrzymania.

Powszechnie uważa się, że lęk dotyczy przyszłości, podczas gdy depresja dotyczy przeszłości.

Nie rzadko jednak doświadczamy niepokoju wynikającego z przeszłych sytuacji i depresji skoncentrowanej na przyszłości.

Krótko mówiąc, myśli o naszej przeszłości mogą wywoływać różnego rodzaju emocje: emocje o wysokiej energii, takie jak lęk, które popychają nas do działania, lub emocje o niskiej energii, takie jak depresja, które popychają nas do jego zaniechania.

Zrozumienie tego jest ważne, jeśli chcemy przeciwdziałać naszym niepotrzebnym impulsom.

Kiedy jesteśmy niespokojni, impulsem jest szybkie działanie, ale prawdopodobnie lepiej jest spróbować zwolnić; a kiedy jesteśmy przygnębieni, impulsem nie jest działanie, ale prawdopodobnie lepiej jest wstać i działać.

Musimy pamiętać, że wszystkie działania, które podejmujemy, aby zostawić przeszłość za sobą, służą nam do budowania naszej przyszłości, więc wszystkie ćwiczenia, które wykonujemy w tym celu, pomogą nam cieszyć się teraźniejszością.

Co zatem zrobić, by zapomnieć o przeszłości?

Oto kilka praktycznych ćwiczeń mających na celu wyeliminowanie nadmiernych myśli związanych z przeszłością:

Miej oko na swoją teraźniejszość

Pozostawanie w teraźniejszości może bardzo pomóc każdemu, zwłaszcza introwertykom z tendencją do niespokojnych myśli i nadmiernego myślenia. Nie jesteś gotowy na medytację? Istnieje kilka technik uziemienia się w teraźniejszości.

Oto one:

- Odłącz się od mediów społecznościowych. Poświęć czas, który spędziłbyś przy komputerze lub w mediach społecznościowych na inną aktywność; powtarzaj tę czynność przez kilka dni i szukaj nowych inspiracji.

- Jedz świadomie. Zafunduj sobie jeden ze swoich ulubionych posiłków. Spróbuj znaleźć przyjemność

119

we wszystkim, co jesz; przeżuwaj powoli i ciesz się smakami wszystkiego, co spożywasz, tak jakby było to kulinarne doświadczenie, a nie normalny posiłek do spożycia.

- Wyjdź na zewnątrz. Wybierz się na spacer na zewnątrz, nawet jeśli możesz przejść się tylko wokół osiedla, to nadal jest to spacer na świeżym powietrzu. Zrób inwentaryzację tego, co widzisz po drodze, notując wszelkie zapachy, które unoszą się w powietrzu lub dźwięki, które słyszysz.

Próbuj zapomnieć

Każdy z nas, ludzi, ma kilka szkieletów w szafie, niezależnie od tego, czy jest to naprawdę groteskowy moment, czy nieprzyjemne wspomnienie, wszyscy chcielibyśmy usunąć pewne sytuacje z naszych umysłów. O niektórych zapominamy, podczas gdy inne pozostają w nas, jak na przykład trauma. Takie wspomnienia są silne i wydają się wciągać nas od środka. Objawiają się na różne sposoby, czasem nawet jako retrospekcje, które sprawiają, że doświadczamy wrażeń cielesnych, których nie chcemy doświadczać; od wyczerpania fizycznego po psychiczne. Chociaż wszyscy życzymy sobie szczęśliwego i beztroskiego życia, wprowadzenie tej "mantry" w życie nie jest takie proste. Pomimo ciemności istnieją jednak pewne pozytywne aspekty, o których nie możemy nie pamiętać: kiedy uda ci się zarządzać przeszłymi wydarzeniami, które cię traumatyzowały i jesteś w stanie doświadczyć ich jako normalnych emocji, z pewnością znacznie mniej wymagających niż te, których doświadczyłeś, z pewnością zrobiłeś krok naprzód. Oczywiście ten przełom dotyczy nie tylko traum, ale także wszelkich myśli z przeszłości, które w jakiś sposób nas zraniły (czy to nawet czyste zażenowanie). Jeśli nauczysz się radzić sobie z tymi uczuciami, przyjmiesz nastawienie na rozwój, które pozwoli ci myśleć o przyszłości, rozwijać się i doświadczać wszystkich aspektów życia.

Naucz się wybaczać najważniejszej osobie w swoim życiu: sobie.

Zmień swoją relację z samym sobą w życzliwą i pełną miłości, która nie osądza i nie jest samokrytyczna.

Obserwuj sytuację tak, jakbyś był neutralnym obserwatorem, a następnie stań się ciekawy tego, czego się o sobie dowiadujesz i jakie możliwości stoją przed tobą.

Przyjmuj porażki, rozczarowania i niedoskonałości jako okazje do wzrostu i rozwoju i nie bądź samokrytyczny wobec swoich niedociągnięć.

Zadawaj sobie pytania, takie jak: co może oznaczać ta sytuacja; czego mogę się nauczyć z tego doświadczenia; jaka okazja się nadarza; jakie mocne strony mogę rozwinąć w wyniku tej sytuacji. Traktowanie siebie z troską i zrozumieniem w trudnych czasach sprzyja samodoskonaleniu. Wiele osób nie jest jednak wyrozumiałych dla samych siebie. Spoglądanie w przeszłość uniemożliwia odpuszczenie, a jeśli obwiniasz się za popełnione czyny, spróbuj skupić się na wybaczeniu sobie.

Oto kilka sposobów, które pomogą ci rozpocząć:

- Zwróć uwagę na stresującą myśl.

- Zwróć uwagę na pojawiające się emocje i reakcje ciała.

- Potwierdź, że twoje uczucia są teraz dla ciebie prawdziwe.

- Przyjmij mantrę, taką jak "Mogę zaakceptować siebie takim, jakim jestem" lub "Jestem wystarczający".

Samowspółczucie jest konstruktem pierwotnie zaczerpniętym z psychologii buddyjskiej.

Buddyści zasadniczo postrzegali ją jako odnoszenie się do siebie z życzliwością i współczuciem.

Kristin Neff była tak naprawdę pierwszą osobą, która operacyjnie zdefiniowała termin "współczucie dla siebie", abyśmy mogli go zmierzyć i zbadać.

Neff mówi: "Samowspółczucie polega na odnoszeniu się do siebie w życzliwy sposób, takimi, jakimi jesteśmy, ze wszystkimi wadami".

Kiedy jesteś współczujący, jesteś w stanie dostrzec różnicę między podjęciem złej decyzji a byciem złym człowiekiem.

Rozumiesz, że twoja wartość nie jest uwarunkowana sytuacją, czymś, co powiedziałeś lub myślami, które możesz mieć.

Neff przedstawia trzy podstawowe składniki współczucia dla samego siebie:

- Życzliwość wobec siebie: traktujemy siebie ze zrozumieniem, współczuciem, cierpliwością, empatią i życzliwością (zamiast być krytycznym i osądzającym).

- Uznanie naszego człowieczeństwa: chodzi o to, by czuć się połączonym z innymi, zamiast czuć się odizolowanym.

- Świadomość: nie ignoruj bólu ani nie wyolbrzymiaj go. Zamiast tego staraj się realistycznie podchodzić do tego, co czujesz.

Według Neffa, musisz posiadać wszystkie te trzy cechy, aby być naprawdę współczującym wobec siebie.

Określ niektóre cele

Jedną z najbardziej funkcjonalnych metod niemyślenia o przeszłości jest skupienie się na teraźniejszości i myślenie o przyszłości.

Wyznaczając cele do osiągnięcia, nadasz swojemu życiu pozytywny sens.

Czy czujesz się zbyt przytłoczony, by uwierzyć, że wyznaczanie celów zadziała?

Wyznaczanie ambitnych celów i ich osiąganie to coś, co zdecydowanie można zrobić. Nadmierne myślenie oznacza, że musisz nieco zwolnić, jeśli chodzi o wyznaczanie celów.

Oto kilka sposobów na zaplanowanie celów i upewnienie się, że są one dla ciebie odpowiednie.

Zalecamy korzystanie z dziennika celów, aby określić wszystkie szczegóły, to nad czym należy pracować w pierwszej kolejności, oraz jak pokonać wyzwania itp. Gdy twój umysł znajdzie się we właściwym miejscu, możesz zabrać się do pracy. Jeśli jesteś przytłoczonym myślicielem, musisz skupić się na jednym celu na raz. Być może po osiągnięciu kilku zwycięstw będziesz mógł skupić się bez rozpraszania na większym celu. Oczywiście "brak rozproszenia" nie oznacza, że nie potrzebujesz przerw. Czy chciałbyś przenieść swoje wysiłki w zakresie rozwoju osobistego na wyższy poziom i osiągnąć niesamowite cele życiowe, ale nie wiesz od czego zacząć? Zapisywanie swoich celów w dzienniku to doskonały sposób na zorganizowanie się i pozostanie na dobrej drodze. Po pierwsze, ważne jest, aby zrozumieć, że istnieją cztery kluczowe elementy sukcesu przy wyznaczaniu i realizacji celów: jasność, strategia, wykonanie i odporność. Po wprowadzeniu planu zawierającego wszystkie te elementy, nawet osoby nadmiernie myślące mogą podejmować działania i osiągać wyniki:

- Definicja celów (co + dlaczego) = jasność

- Planowanie celów (jak) = strategia

- Motywacja do działania = wykonanie

- Pokonywanie wyzwań = odporność

Wyznaczanie celów w dzienniku celów to świetny sposób na skupienie myśli i przygotowanie się na sukces. Jest to strategiczne podejście do pracy nad swoimi celami, pomagające wyjaśnić, czego naprawdę chcesz, ustalić priorytety i stworzyć plan działania.

Dzięki prowadzeniu dziennika możesz tworzyć konkretne cele, określać, które z nich są najważniejsze, dzielić je na mniejsze zadania, a nawet wyznaczać sobie terminy ich realizacji. Możesz także użyć go do zapisania i śledzenia wszystkich postępów, jakie poczyniłeś w danym okresie.

Poświęcenie czasu na prowadzenie dziennika celów zachęca do refleksji nad osobistymi wartościami i decydowania o tym, co chcemy osiągnąć w życiu. Może to również pomóc w budowaniu odporności, aby kontynuować nawet w obliczu przeciwności losu.

Ponadto zapisywanie rzeczy to świetny sposób na uporządkowanie myśli i zapobieganie ich inwazji do umysłu.

Wreszcie, wpisywanie celów do dziennika może pomóc ci poczuć się lepiej z wybranymi celami, ponieważ zastanowisz się jakie "dlaczego" stoi za każdym z nich.

Jeśli jesteś nadmiernym myślicielem szukającym sposobu na wyzwolenie się od myślenia i osiągnięcie swoich celów, to może być rozwiązanie, którego szukałeś.

Niektóre cele mogą być trudniejsze do osiągnięcia niż inne.

Określenie "dlaczego" pomoże ci zdecydować, w jaki sposób nadać priorytet swoim celom i określić powody, dla których wybrałeś cel, na którym chcesz się skupić w pierwszej kolejności.

Włączenie prowadzenia dziennika celów do swojego życia jest niezwykle potężną praktyką, która pozwala na swobodne zarządzanie myślami.

Daje czas i przestrzeń na ocenę różnych podejść do celów, zapewniając jednocześnie namacalną wizję działań, które musisz podjąć, aby osiągnąć swoje długoterminowe cele.

Na początek ustal małe cele i nie wahaj się zmienić swojego podejścia, jeśli coś nie działa tak, jak chcesz. Z każdą sesją dziennika zauważaj zmiany w sobie: jasność, pewność siebie i strategiczny kierunek, które wynikają z poświęcania czasu dla siebie każdego dnia.

Jeśli to konieczne, zacznij od zera

Jeśli pomimo wszystkich wymienionych powyżej technik nie udało ci się pozbyć negatywnych myśli, jeśli wciąż rozpamiętujesz przeszłość, nie możesz cieszyć się teraźniejszością i boisz się przyszłości, być może warto zacząć od nowa.

Wiele osób, które żyją w toksycznym środowisku, otoczone negatywnymi myślami, które całkowicie nękają ich zdrowie psychiczne, a nawet fizyczne, pomimo różnych prób poprawy swojej sytuacji, nie udaje się tego zrobić.

Kiedy wszystkie próby idą na marne, niemożliwe jest dostrzeżenie jakiejkolwiek poprawy, a zatem konieczna jest drastyczna zmiana, w której przeszłość nie może nas dosięgnąć i skupiamy się tylko na naszej teraźniejszości i przyszłości.

Zmiana swojego życia i rozpoczęcie od zera to gest wielkiej siły: porzucenie pracy, związku, przyjaciół to działania, które wymagają dużego wysiłku, ale bez wątpienia doprowadzą do wspaniałych rezultatów. Kiedy znajdujemy się w odpowiednim środowisku, wszyscy jesteśmy w stanie odrzucić negatywne myśli i zacząć od nowa, koncentrując się na naszej przyszłości, która wygląda jaśniej niż kiedykolwiek.

Rozmyślanie oznacza cykl, w którym ciągle myślisz o tym samym lub martwisz się o te same rzeczy, nie dochodząc do niczego. Może to być wyczerpujące i wpływać na sen oraz zdrowie psychiczne i fizyczne.

Sugestie dotyczące przerwania cyklu obejmują rozmowę z innymi, szukanie czynników rozpraszających, zauważanie wyzwalaczy i weryfikację swojej perspektywy.

Jeśli te sugestie nie pomogą, należy rozważyć skontaktowanie się ze specjalistą ds. zdrowia psychicznego w celu uzyskania pomocy.

Ale nie martw się, jeśli do tej pory nie znalazłeś inspiracji, aby poczuć się lepiej, mamy inne praktyczne ćwiczenia, które możesz wypróbować; w końcu wszyscy jesteśmy różni, ale cel, który nas łączy, jest ten sam: pozbyć się negatywnych myśli, stresu i niepokoju.

Spróbujmy sprawdzić, czy te ćwiczenia są odpowiednie dla ciebie.

4.11 Włączenie medytacji do codziennych czynności

Wszyscy wiemy, jak to jest leżeć bezsennie w nocy, rozmyślając o przeszłych decyzjach lub myśląc o teraźniejszości i przyszłości.

Medytacja może pomóc powstrzymać nadmierne myślenie, pozwalając nam żyć z większym spokojem i szczęściem, jednocześnie prowadząc nas do jasnych działań, które są zgodne z naszym potencjałem.

Kiedy za dużo myślimy, możemy czuć się tak, jakbyśmy byli uwięzieni we własnych głowach. Utykamy w cyklu rozmyślań, nie mogąc zapomnieć o przeszłości, iść naprzód i podejmować decyzji. Nadmierne myślenie pozostawione bez kontroli może przerodzić się w lęk, depresję lub zaburzenia psychiczne, takie jak zaburzenie obsesyjno-kompulsywne.

Ale nawet w swojej najłagodniejszej formie, nadmierne myślenie nie jest korzystne. Im bardziej tkwimy w naszych głowach, tym mniej jesteśmy połączeni z mądrością, która żyje w naszych ciałach i sercach. Kiedy odpuszczamy nadmierne myślenie, zamiast tego kierujemy się naszą pewnością siebie i zaufaniem do naszej mądrej intuicji.

Medytacja może być pomostem, który pomaga nam przejść od nadmiernego myślenia do po prostu bycia. Kiedy jesteśmy pewnie połączeni z naszą prawdziwą istotą, żyjemy w stanie większej jasności i mamy mniejszą potrzebę myślenia. Medytacja wysuwa tę jasność na pierwszy plan, wzmacniając pozytywne cechy.

Dzięki medytacji stajemy się bardziej świadomi tego, kiedy myślimy za dużo. Akt obserwowania naszych myśli tworzy przestrzeń między myślicielem a myślą. Czy nadmierne myślenie mi pomaga? Badania pokazują, że świadomość samego procesu myślowego często wystarcza, aby położyć kres rozmyślaniu. Każdy rodzaj medytacji pomoże uspokoić nadmierne myślenie, ale medytacja uważności jest świetnym sposobem żeby zacząć. Aby zredukować negatywne myśli, spróbuj medytować przez 10 minut dziennie, siedząc i obserwując swój oddech. Za każdym razem, gdy pojawi się jakaś myśl, uznaj ją bez osądzania, a następnie powróć do świadomości oddechu. Pomocne może być obserwowanie fizycznego odczucia oddechu, gdy porusza się on przez ciało, lub obserwowanie oddechu z poczuciem radości, ciekawości lub podziwu. Na początku będziesz myśleć więcej niż koncentrować się na oddechu, ale z czasem ta równowaga zmieni się, gdy twój umysł poczuje się bardziej komfortowo z byciem niż robieniem. Niezależnie od tego, jaki rodzaj medytacji zamierzasz praktykować, znajdź czas dla siebie, choćby 10-20 minut dziennie. Ubierz się wygodnie, usiądź z rękami na kolanach, zamknij oczy i zacznij oddychać; skoncentruj się tylko na tym. Jak powiedzieliśmy wcześniej, myśli mogą się pojawić, ale z czasem i kontrolą naszego umysłu, dzięki tej praktyce, znikną.

Medytacja prowadzona

Medytacja z przewodnikiem opisuje rodzaj medytacji prowadzonej przez nauczyciela, osobiście lub za pośrednictwem audio lub wideo.

Na początku wskazane jest, aby być prowadzonym przez eksperta przez podstawowe etapy praktyki medytacyjnej. Niezależnie od tego, jakiej umiejętności uczymy się w życiu, ważne jest, aby mieć doświadczonego nauczyciela, któremu możemy zaufać i z którym możemy się związać. Ale jeśli chodzi o odkrywanie zawiłości i subtelności umysłu, jest to nie tylko ważne, ale wręcz niezbędne.

Zanim wyruszymy w podróż w naszych umysłach, dobrym pomysłem jest najpierw zrozumieć, co chcemy osiągnąć poprzez medytację.

W tradycyjnej medytacji najpierw uczy się, jak wizualizować zawartość umysłu i jak najlepiej podejść do różnych ćwiczeń, aby wiedzieć, jak wykorzystać praktykę.

Następnie uczy się, jak praktykować medytację, aby stać się bardziej zręcznym.

Następnie przychodzi integracja: uczenie się, jak powielać spokój i klarowność rozwinięte podczas medytacji w codziennym życiu.

W medytacji prowadzonej narrator lub nauczyciel wyjaśnia dynamikę umysłu i to, jak może się zachowywać podczas medytacji.

Nauczyciel może również wyjaśnić techniki medytacyjne oraz, jak wprowadzić te techniki do codziennego życia.

Medytacja w pojedynkę

Medytacja bez przewodnika (lub medytacja solo) pozwala praktykującemu dostosować sposób, w jaki chciałby medytować sam, w tym czas trwania, przestrzeń i stopień ciszy. Podczas medytacji bez przewodnika zazwyczaj medytujesz bez zewnętrznych narzędzi.

Po pierwsze, znajdź spokojną przestrzeń z minimalną ilością zakłóceń; znajdź wygodne miejsce do siedzenia, zwykle na krześle lub podłodze; wybierz postawę, która sprawia, że twoje ciało czuje się dobrze; i zacznij głęboko oddychać, wdychając powietrze przez nos i wydychając przez usta.

W praktyce medytacji bez przewodnika, praktykujący medytuje sam, bez kogoś innego wyjaśniającego proces. Osoba praktykująca samodzielnie może zdecydować się na użycie niektórych technik, których nauczyła się podczas medytacji prowadzonych, takich jak wizualizacje, mantry lub skanowanie ciała. Dlatego też pomocne może być rozpoczęcie od medytacji z przewodnikiem, jeśli nie ma się doświadczenia w tej praktyce.

Alternatywnie, niektórzy ludzie mogą po prostu siedzieć w ciszy, zwracając uwagę na swoje ciało i myśli przez określony czas.

Dla wielu medytacja jest doskonałą ucieczką od stresującej codziennej harówki; dla niektórych pomaga utrzymać lepsze zdrowie i zwalczać bezsenność, podczas gdy dla innych jest to bezpieczna przestrzeń, w której można oderwać umysł od gorączkowego tempa współczesnego świata; ale niezależnie od tego, jaką rolę odgrywa się w życiu, jest to bezpieczna przestrzeń, do której można czasem uciec. Medytacja niesie ze sobą przekonanie, że nasz umysł opróżni się lub znajdzie drogę ucieczki od myśli i problemów. W rzeczywistości, gdy znajdujemy się w bezpiecznej przystani, jesteśmy predysponowani do jakościowo lepszych relacji międzyludzkich, co oznacza po prostu, że medytacja nie tylko poprawia nasze zdrowie psychofizyczne, ale także poprawia sposób, w jaki wchodzimy w interakcje, a tym samym nasze relacje. Naturą umysłu jest myślenie, więc nie możemy tego nie robić, ale prawdziwy przełom polega na umiejętności patrzenia na nasze myśli z perspektywy widza, z dystansem, tak aby nie wciągały nas w wir złego samopoczucia i paranoi. Kiedy praktykujemy medytację, niezależnie od jej formy, skupiamy się na teraźniejszości, na danej chwili; trenujemy umysł w celu zrozumienia, dlaczego myślimy i koncentrujemy się na jednym celu: przekształceniu naszego umysłu i naszej perspektywy.

4.12 Znajdowanie rozwiązań problemów

Spójrzmy prawdzie w oczy, rozwiązywanie problemów może być wyzwaniem, które czasami sprawia, że czujesz się sparaliżowany i pozbawiony kontroli.

Niezależnie od skali problemu, istnieje kilka kroków, które można podjąć, aby odciąć się od nich i mieć nad nimi większą kontrolę.

Niezależnie od tego, czy stoisz przed wyborem, czy też masz problem, który cię męczy, jeśli zajmiesz się nim proaktywnie, możesz uniknąć poczucia niepewności i rozpaczy.

Skoncentruj się na tym, co możesz zrobić, a nie na rzeczach, które są poza twoją kontrolą, i poczuj satysfakcję, że zrobiłeś wszystko, co w twojej mocy, nawet jeśli nie udało ci się ostatecznie rozwiązać problemu.

Istnieje kilka podstawowych kroków, które pomogą ci rozwiązywać problemy małymi krokami:

- **Zdefiniuj problem.** Co dokładnie się dzieje? Czasami problem wydaje się zbyt duży, aby sobie z nim poradzić. Jeśli jednak stworzysz plan i podzielisz go na mniejsze części, będzie wydawał się łatwiejszy do opanowania.

- **Wyznacz sobie cele.** Skoncentruj się na krokach, które możesz podjąć, aby rozwiązać problem, zamiast myśleć tylko o tym, co chciałbyś, aby się wydarzyło.

- **Przeprowadź burzę mózgów możliwych rozwiązań.** Bądź kreatywny i przeanalizuj wszystkie opcje, które przyjdą ci do głowy.

- **Wyklucz wszelkie oczywiste i kiepskie opcje.** Oceń swoją listę pomysłów i wyklucz te nierealistyczne lub bezużyteczne.

- **Przeanalizuj konsekwencje.** Przeanalizuj opcje, które ci pozostały i dla każdej z nich napisz listę zalet i wad.

- **Zidentyfikuj najlepsze rozwiązania.** Nadszedł czas na podjęcie decyzji. Przejrzyj listę opcji i wybierz te najbardziej praktyczne i użyteczne.

- **Zastosuj swoje rozwiązania w praktyce.** Miej zaufanie do siebie i zobowiąż się do wypróbowania jednego ze swoich rozwiązań.

Po wykonaniu wszystkich powyższych kroków spróbuj zadać sobie pytanie, jak poszło; jeśli zauważysz, że rozwiązanie, którego się podjąłeś, nie było najlepsze, spróbuj innego, zanim się poddasz.

4.13 Jak aktywnie zwalczać negatywne myśli?

W tym przewodniku nigdy nie przestaniemy powtarzać, że nasze mózgi są zaprogramowane tak, aby skupiać się na negatywnych myślach i doświadczeniach, a nie na pozytywnych. Z ewolucyjnego punktu widzenia ten sposób myślenia pozwala nam unikać niebezpieczeństw i szybko reagować na sytuacje kryzysowe. Kiedy jesteśmy uwięzieni w negatywnych wzorcach myślowych, w odpowiedzi na zdarzenie nasz mózg zareaguje negatywną myślą. Myśli te wpływają więc na nasze ciało i zachowanie. Biorąc pod uwagę, że nasze mózgi są tak skonstruowane, jak możemy skutecznie radzić sobie z negatywnymi myślami? Istnieje powód, dla którego mówimy o zarządzaniu negatywnymi myślami, a nie o ich całkowitym powstrzymaniu. Nasze mózgi zostały zaprojektowane do myślenia; nie chcemy tego powstrzymywać. Chcemy przekształcić je myśli w pozytywne obdażyć się większym współczuciem. Poniżej omówimy **technikę 3 pytań**, opracowaną w celu wyeliminowania negatywnych myśli.

Pytanie 1: Czy myśl, którą mam, jest prawdziwa, tj. czy istnieją dowody na jej poparcie?

Nie pozwól, by negatywne myśli rządziły twoim życiem i decydowały za ciebie, jak wygląda twoje życie.

Natychmiastowe przestawienie się na pozytywne myśli może nie być łatwe, ale zawsze możesz rzucić wyzwanie tym negatywnym za pomocą trzech pytań. Myśli nie można kontrolować; są one wytwarzane przez nasz umysł i rozwijają się w zależności od sytuacji lub doświadczeń, które przeżywamy i odczuwamy. Większość myśli, których doświadczamy w naszej głowie, nie jest oparta na rzeczywistości ani faktach. Można je łatwo zdyskredytować, oceniając ważność dowodów, których używamy do poparcia tych twierdzeń. Myśli nie są faktami - niektóre są, ale nawet one zwykle podlegają interpretacji i percepcji, ale większość nie jest i są wymyślane przez nasze umysły, które myślą o przeszłości lub obawiają się przyszłości. Pozostawienie sobie miejsca na pytania, przed którymi stoimy, daje nam możliwość zbadania naszych myśli i uczuć oraz pozostawia nam znacznie większą kontrolę nad naszymi emocjami (a tym samym naszym życiem), niż mogłoby się wydawać możliwe.

Pytanie 2: Czy takie myślenie jest przydatne?

Nasz mózg nieustannie generuje nowe myśli. Myśli te są wynikiem złożonych procesów, na które wpływa nasz obecny stan umysłu, emocje, chemia mózgu, nasze otoczenie, poprzednie myśli, wspomnienia, które zostały utworzone lub które pojawiają się ponownie, pamięć krótkotrwała itp.

Myśli są pozornie przypadkowe, ponieważ nasze umysły czasami mieszają ze sobą niepowiązane pomysły, co prowadzi do bardzo kreatywnych rezultatów. Możliwość obserwowania naszych myśli w ten sposób pozwala nam lepiej wykorzystać nasz czas i energię. Zamiast akceptować myśli jako naszą rzeczywistość i czuć się nieszczęśliwym, możemy odrzucić lub zignorować te, które nie są pomocne. Myślenie, że jesteśmy przegrani jest bezużyteczne i jest to rodzaj myślenia, które musimy natychmiast odrzucić.

Pytanie 3: Czy czuję się dobrze z tą myślą?

To ostatnie pytanie jest najważniejszym, jakie musimy sobie zadać. Zawsze pamiętajmy, że myśli są tylko myślami i to my możemy nadać im negatywny lub pozytywny obrót. Jesteśmy tutaj, aby zrozumieć, jak uwolnić nasze umysły, więc jak się czujemy, gdy napotykamy pewne myśli? Zwróć uwagę, jakie uczucia wywołuje w tobie ta myśl: smutek, złość, zazdrość, ból, strach itp. Jak by to było, gdybyś puścił tę myśl? Wyobraź sobie, że ta myśl opuszcza ciebie i twój umysł. Jak zmieniłby się twój stan psychiczny? Dzięki tym pytaniom zaczynasz dostrzegać wewnętrzną przyczynę i skutek w odniesieniu do pewnych myśli. Możesz zauważyć, że kiedy wierzysz w daną myśl, wywołujesz zaburzenia, które mogą wahać się od lekkiego dyskomfortu, przez strach, aż po panikę.

Kiedy desperacko próbujemy pozbyć się negatywnych myśli, ważne jest, aby zadać sobie pytanie, jak czujemy się w obecności pewnych myśli lub jak byśmy się czuli, gdybyśmy usunęli tę myśl z naszego umysłu. Pytania, które sobie zadajemy, nie tylko uświadamiają nam, czy dana myśl jest ważna, ale także sprawiają, że inaczej postrzebamy własny umysł i to, co może być dla nas szkodliwe. Jeśli uznasz tę technikę za skuteczną, sugerujemy, abyś trzymał ją pod ręką i wyciągał, gdy uznasz, że może być przydatna.

Oprócz powyższej techniki, wszystkie nauki i informacje, które przekazaliśmy w tym przewodniku, są niezbędne, aby lepiej zrozumieć umysł, co na nas wpływa i jak możemy uwolnić naszą głowę od nadmiernych i negatywnych myśli lub po prostu nadać im pozytywny obrót.

Niniejszy przewodnik przedstawia różne techniki radzenia sobie z dyskomfortem psychicznym, niepokojem, stresem i nadmiernymi myślami. Od medytacji prowadzonej lub w pojedynkę, przez technikę 3 pytań, po mantry.

Każdy może wybrać technikę, którą preferuje, aby całkowicie uwolnić się od tego wiru myśli i powrócić do bycia szczęśliwym, koncentrując się na przyszłości i celach, które sobie wyznaczyliśmy.

Jeżeli nie możemy odnaleźć siebie na nowo, wierzymy, że pomocne może być rozpoczęcie od zera. Nie jest to tchórzostwo, ale wybór, który w niektórych sytuacjach może być nieunikniony, aby odzyskać kontrolę nad naszymi umysłami

Odzyskajmy naszą wolność.

Podsumowanie

Badania pokazują, że ludzie produkują średnio ponad 6000 myśli każdego dnia.

Chociaż rozpraszanie się niechcianymi lub okazjonalnymi myślami nie jest niczym niezwykłym, nadmiernych myśli nie da się tak łatwo wyprzeć z umysłu.

Tego rodzaju myśli mogą być tak niepokojące i rozpraszające, że trudno jest myśleć o czymkolwiek innym.

To naturalne, że chcemy analizować sytuacje i rozważać wszystkie możliwe wyniki. Jednak gdy nadmierne myślenie staje się nawykiem, może prowadzić do nowej rzeczywistości, która często jest negatywna i nieproduktywna. Nadmierne myślenie możc równicż krcować inną rzeczywistość, ale często jest ona pozytywna i transformująca.

Sposób, w jaki myślimy o rzeczach, wpływa na to, jak je postrzegamy i jak na nie reagujemy. Kiedy myślimy zbyt dużo o rzeczach, skupiamy się na negatywnych możliwościach i często tworzymy rzeczywistość, która jest bardziej stresująca, niespokojna i przytłaczająca niż powinna. Z drugiej strony, kiedy uczymy się kontrolować nasze myśli i skupiamy się na pozytywnych aspektach sytuacji, możemy stworzyć nową rzeczywistość, która jest wzmacniająca i transformująca. Ta nowa rzeczywistość nie jest tylko wytworem naszej wyobraźni;

jest to stan umysłu, który możemy kultywować i rozwijać z biegiem czasu. Moc, jaką myśli mają w naszym życiu, jest niezaprzeczalna. Na przykład sportowcy często używają technik wizualizacji, aby wyobrazić sobie, że osiągają swoje cele. Wizualizując sukces, tworzą w swoim umyśle nową rzeczywistość, która może pomóc im osiągnąć lepsze wyniki w prawdziwym życiu.

Podobnie, ludzie sukcesu często przypisują swój sukces sile pozytywnego myślenia i wizualizacji.

Jak możemy kultywować tę nową rzeczywistość poprzez nadmierne myślenie? Musimy działać w oparciu o nasze wyrafinowane sploty i konstrukcje myślowe.

Kiedy przyłapiemy się na nadmiernym myśleniu i skupianiu się na negatywnych rzeczach, możemy cofnąć się o krok i zmienić nasze myśli. Możemy zadać sobie pytanie: "co jest najlepszą rzeczą, jaka może się wydarzyć?" zamiast myśleć negatywnie: "co może być najgorszą rzeczą, jaka może mi się przytrafić?". Ta prosta zmiana perspektywy może zmienić całą trajektorię naszych myśli i stworzyć nową, bardziej pozytywną i optymistyczną rzeczywistość.

Innym sposobem na kultywowanie nowej rzeczywistości poprzez nadmierne myślenie jest skupienie się na rozwiązaniach, a nie na problemach.

Kiedy za dużo myślimy, często utkniemy w cyklu analizowania problemu i martwienia się o potencjalne rezultaty.

Jeśli jednak skupimy się na poszukiwaniu rozwiązań, możemy stworzyć nową, bardziej proaktywną i zorientowaną na rozwiązania rzeczywistość.

Nadmierne myślenie może prowadzić do nowej rzeczywistości, pomagając nam lepiej zrozumieć siebie i nasze wartości. Kiedy rozmyślamy, często dogłębnie analizujemy nasze myśli i przekonania.

Może to prowadzić do większego poczucia samoświadomości i lepszego zrozumienia tego, co jest dla nas najważniejsze.

Nadmierne myślenie może być zarówno błogosławieństwem, jak i przekleństwem.

Kiedy staje się to nawykiem, może prowadzić do negatywnej i bezproduktywnej rzeczywistości. Kiedy jednak nauczymy się kontrolować nasze myśli i skupimy się na pozytywnych aspektach sytuacji, możemy stworzyć nową rzeczywistość, która będzie wzmacniająca i transformująca.

Zmieniając nasze wzorce myślowe, koncentrując się na rozwiązaniach i zdobywając głębsze zrozumienie siebie, możemy stworzyć nową rzeczywistość, która będzie zgodna z naszymi wartościami i celami.

Ludzie często stosują niezdrowe mechanizmy radzenia sobie z takimi sytuacjami, w tym izolację społeczną i zachowania kompulsywne.

Na szczęście można nauczyć się powstrzymywać nadmierne myśli i zapobiegać przejmowaniu kontroli nad życiem przez natrętne wzorce myślowe.

W tym podręczniku zbadaliśmy różne sposoby, w jakie nadmierne myślenie może wpływać na nasze zdrowie psychiczne i ogólne samopoczucie.

Omówiliśmy również, jak zidentyfikować i przezwyciężyć nadmierne nawyki myślowe, abyś mógł zacząć prowadzić bardziej spokojne i satysfakcjonujące życie.

Po pierwsze, dowiedzieliśmy się, że nadmierne myślenie jest powszechnym problemem, który dotyka ludzi z różnych środowisk. Może prowadzić do niepokoju, stresu i depresji, a nawet wpływać na nasze zdrowie fizyczne.

Dobra wiadomość jest taka, że możliwe jest uwolnienie się od nadmiernych wzorców myślenia i rozpoczęcie szczęśliwszego życia.

Następnie zbadaliśmy niektóre z najczęstszych przyczyn nadmiernego myślenia. Należą do nich traumy z przeszłości, strach przed porażką i perfekcjonizm.

Dowiedzieliśmy się, że rozumiejąc podstawowe przyczyny naszego nadmiernego myślenia, możemy z nimi pracować i rozwijać zdrowsze wzorce myślenia. Następnie omówiliśmy kilka praktycznych strategii przezwyciężania nadmiernego myślenia. Obejmują one medytację i pozytywny dialog wewnętrzny. Techniki te mogą pomóc nam pozostać w chwili obecnej, rzucić wyzwanie negatywnym myślom i kultywować bardziej pozytywne spojrzenie na życie i przyszłość. Rozmawialiśmy również o znaczeniu troski i współczucia dla siebie. Dowiedzieliśmy się, że dbanie o siebie jest niezbędne zarówno dla ciała, jak i umysłu. Obejmuje to wystarczającą ilość snu, zdrową dietę i regularne uprawianie sportu. Oznacza to również bycie miłym i traktowanie siebie z takim samym współczuciem i zrozumieniem, jakie zaoferowalibyśmy przyjacielowi. Droga do zaprzestania nadmiernego myślenia może być trudna, ale warto ją odbyć. Po pierwsze, pamiętaj, że zmiana wymaga czasu. Przełamanie nawyku, który był częścią twojego życia przez długi czas, nie jest łatwe i nie nastąpi z dnia na dzień. Ale jeśli będziesz wytrwały, osiągniesz swój cel. Świętuj każdy mały krok, który robisz, aby przezwyciężyć nadmierne myślenie. Każdy krok się liczy, bez względu na to, jak mały może się wydawać. Po drugie, przypominaj sobie o korzyściach płynących z zaprzestania nadmiernego myślenia. Kiedy przestaniesz nadmiernie myśleć, przekonasz się, że masz większą jasność umysłu, mniej stresu i większe poczucie spokoju, a także będziesz świadomy i będziesz w stanie podejmować właściwe dla siebie decyzje i bardziej cieszyć się życiem. Pamiętaj o tych korzyściach, pracując nad zaprzestaniem nadmiernego myślenia. Nadmierne myślenie jest nawykiem, z którym zmaga się wiele osób i to nie twoja wina, że rozwinąłeś ten nawyk. Zamiast besztać siebie, bądź dla siebie miły i cierpliwy. Pamiętaj, że robisz postępy i to się liczy. Wreszcie, otaczaj się wspierającymi ludźmi. Posiadanie ludzi, którzy rozumieją, przez co przechodzisz i którzy cię zachęcają, może mieć duże znaczenie w twojej drodze do zaprzestania nadmiernego myślenia.

Poszukaj grup wsparcia, porozmawiaj z terapeutą lub doradcą albo zwierz się zaufanemu przyjacielowi lub członkowi rodziny.

Podsumowując, droga do zaprzestania nadmiernego myślenia nie jest łatwa, ale warto ją odbyć.

Pamiętaj, aby być cierpliwym wobec siebie, świętować każdy mały krok, pamiętać o korzyściach i otaczaj się wspierającymi ludźmi. Możesz przezwyciężyć nadmierne myślenie i zacząć prowadzić bardziej satysfakcjonujące życie.

Czytając ten przewodnik, zrobiłeś pierwszy krok w kierunku uwolnienia się od cyklu zmartwień, wątpliwości i niepokoju.

Przygotowując się do wprowadzenia w życie tego, czego się nauczyłeś, oto kilka przemyśleń, które pomogą ci w tej drodze.

Przede wszystkim pamiętaj, że przezwyciężanie nadmiernego myślenia to proces. Nie stanie się to z dnia na dzień i po drodze możesz napotkać niepowodzenia.

Ważne jest, aby pozostać wiernym swojemu celowi i kontynuować. Liczy się każdy mały krok w kierunku przełamania nawyku nadmiernego myślenia.

Następnie bądź dla siebie cierpliwy. Łatwo jest czuć się sfrustrowanym lub zniechęconym, gdy czujesz, że nie robisz postępów wystarczająco szybko. Pamiętaj jednak, że zmiana wymaga czasu. Bądź dla siebie miły, świętuj swoje sukcesy i nie obwiniaj się za błędy.

Wreszcie, praktykuj współczucie dla siebie. Nigdy nie przestane tego powtarzać!

Nie karć ani nie osądzaj się surowo, jeśli zauważysz, że za dużo myślisz. Zaoferuj sobie taką samą życzliwość i zrozumienie, jakie zaoferowałbyś dobremu przyjacielowi. Traktuj siebie z taką samą troską i współczuciem, jakie okazujesz komuś, kogo kochasz.

Nadmierne myślenie to powszechny problem, który dotyka miliony ludzi na całym świecie (nie wiem, ile razy już to mówiliśmy, mam nadzieję, że jest to jasne), więc nie czuj się, jakbyś był jedyną istotą na ziemi borykającą się z tą przypadłością.

Nie jesteś słaby ani niedoskonały

Jeśli potrzebujesz wsparcia, skontaktuj się z przyjaciółmi, rodziną lub terapeutą. Nie musisz przechodzić przez to sam. Pamiętaj, że życiem należy się cieszyć. Nie pozwól, aby nadmierne myślenie pozbawiło cię radości i szczęścia, które można znaleźć w każdej chwili. Ćwicz uważność, bądź obecny i delektuj się małymi przyjemnościami życia. Uwolnij swój umysł od ciężaru nadmiernego myślenia. Koncepcja ta sugeruje, że zmieniając nasze myśli, możemy zmienić nasze doświadczenia i stworzyć sobie lepsze życie. Aby zmienić nasze myśli, musimy stać się ich świadomi i rzucić wyzwanie wszelkim negatywnym lub ograniczającym przekonaniom. Możemy zmienić nasze myśli i skupić się na pozytywnych afirmacjach, wizualizacji i wdzięczności, aby kultywować bardziej pozytywne nastawienie. Korzyści płynące ze zmiany naszych myśli obejmują większe szczęście, lepsze relacje i ogólne dobre samopoczucie. Otwierając się na rozwój i koncentrując się na pozytywach, możemy stworzyć dla siebie bardziej satysfakcjonujące i udane życie. Nasze myśli są potężne i mają zdolność kształtowania naszego życia w znaczący sposób. Wpływają na nasze emocje, zachowanie i ostatecznie na nasze wyniki. Negatywne myśli mogą prowadzić do negatywnych emocji, takich jak niepokój, stres i depresja, podczas gdy te pozytywne mogą prowadzić do emocji pozytywnych, takich jak radość, zadowolenie i wdzięczność.

Aby zmienić nasze myśli, musimy stać się ich świadomi i rzucić wyzwanie wszelkim negatywnym lub ograniczającym przekonaniom. Oznacza to bycie świadomym naszego wewnętrznego dialogu i rozpoznawanie, kiedy pojawiają się negatywne myśli lub wewnętrzne rozmowy. W ten sposób możemy podjąć kroki aby przeformułować myśli i skupić się na pozytywnych afirmacjach, wizualizacji i wdzięczności, kultywując bardziej pozytywne nastawienie. Pozytywne afirmacje polegają na celowym powtarzaniu sobie pozytywnych stwierdzeń dotyczących nas samych lub naszej sytuacji. Wizualizacja polega na wyobrażaniu sobie, że osiągamy nasze cele i doświadczamy sukcesu w naszych umysłach. Wdzięczność polega na skupianiu się na pozytywnych aspektach naszego życia i wyrażaniu wdzięczności za nie. Zmieniając nasze myśli i kultywując pozytywne nastawienie, możemy doświadczyć wielu korzyści. Obejmują one większe szczęście, lepsze relacje i poprawę ogólnego samopoczucia. Pozytywne myślenie może pomóc nam stać się bardziej odpornymi i lepiej radzić sobie z wyzwaniami i niepowodzeniami. Może również pomóc nam podejść do życia z nastawieniem na rozwój, co oznacza chęć uczenia się i zdobywania nowych doświadczeń. Podsumowując, zmiana naszych myśli jest potężnym narzędziem, które może pomóc nam zmienić nasze życie. Wymaga zaangażowania, poświęcenia i chęci stawiania sobie wyzwań, ale jest tego warte. Uświadamiając sobie nasze myśli i aktywnie pracując nad ich zmianą, możemy stworzyć dla siebie bardziej pozytywne i satysfakcjonujące życie. Zalecam przeczytanie tego przewodnika więcej niż jeden raz, ponieważ techniki rozwiązywania problemu nadmiernego myślenia mogą wymagać czasu, aby faktycznie zapadły w pamięć. Nie zapominaj, aby dbać o siebie, żyć teraźniejszością i być dla siebie miłym. Zasługujesz na to!

Podziękowania końcowe

Dziękuję za przeczytanie mojej książki. Mam nadzieję, że było to dla ciebie interesujące i stymulujące doświadczenie. Jeśli uznałeś podręcznik za przydatny i podobała ci się jego treść, będę wdzięczny, jeśli zostawił opinię na Amazon. Komentarze zawsze są dla mnie wielkim wsparciem i pomagają mi rozwijać się jako pisarz.

Z drugiej strony, jeśli masz jakiekolwiek pytania lub wątpliwości dotyczące jakiejkolwiek części książki, skontaktuj się ze mną przez e-mail. Jestem otwarty na opinie i konstruktywną krytykę, która pozwoli mi ulepszyć moją pracę i lepiej zaspokoić potrzeby jako czytelników.

Adres e-mail: Amoslloyd2023@gmail.com

Szczerze doceniam Twój czas i wysiłek włożony w przeczytanie mojej książki. Jeszcze raz dziękuję za wsparcie i czekam na opinie.

Printed in Poland
by Amazon Fulfillment
Poland Sp. z o.o., Wrocław